Aprendendo a Conviver com o Estresse

Alimentação, Meditação e Exercícios Práticos

Iracela Cassimiro Peretto

Aprendendo a Conviver com o Estresse

Alimentação, Meditação e Exercícios Práticos

MADRAS

© 2004, Madras Editora Ltda.

Editor:
Wagner Veneziani Costa

Produção e Capa:
Equipe Técnica Madras

Revisão:
Rita Sorrocha
Fábio Leonel de Paiva
Augusto do Nascimento
Sandra Ceraldi Carrasco

Dados Internacionais de Catalogação na Publicação (CIP)
(Câmara Brasileira do Livro, SP, Brasil)

Peretto, Iracela Cassimiro
Aprendendo a conviver com o estresse/Iracela Cassimiro Peretto. — São Paulo: Madras, 2004.
Bibliografia.
ISBN 85-7374-844-3
1. Administração do estresse 2. Estresse (Psicologia) 3. Motivação 4. Qualidade de vida
I. Título.
04-1081 CDD-158
Índices para catálogo sistemático:
1. Administração do estresse : Psicologia aplicada 158

Proibida a reprodução total ou parcial desta obra, de qualquer forma ou por qualquer meio eletrônico, mecânico, inclusive por meio de processos xerográficos, incluindo ainda o uso da internet, sem a permissão expressa da Madras Editora, na pessoa de seu editor. (Lei nº 9.610, de 19.2.98.)

Todos os direitos desta edição reservados pela

MADRAS EDITORA LTDA.
Rua Paulo Gonçalves, 88 — Santana
02403-020 — São Paulo — SP
Caixa Postal 12299 — CEP 02013-970 — SP
Tel.: (0— —11) 6959.1127 — Fax: (0— —11) 6959.3090
www.madras.com.br

Índice

Introdução 11
O Que é Estresse? 13
   Sinais de alerta: será que estou estressado? 14
   Como funciona o sistema nervoso, em breves pinceladas 16
   Como manter a calma 19
   Como sair de uma crise repentina? 20
      1 — Água!!! Use essa mágica 20
      2 — Aprofunde a respiração 20
      3 — Ou então... 21
   Mude seus hábitos por quarenta dias 21
   Regrinhas importantes 22
O Papel da Alimentação 25
   Vitaminas e minerais 26
      1 — Vitamina C 27
      2 — Vitamina A 27
      3 — Vitamina D 27
      4 — Vitamina E 28
      5 — Vitaminas do Complexo B 28
   Minerais 29
      1 — Cálcio 29
      2 — Fósforo 29
      3 — Magnésio 29
      4 — Ferro 29
      5 — Cobre 30
      6 — Zinco 30
   Alimentos antiestresse 31
   Alguns destaques 31

- 1 — Amêndoa ... 31
- 2 — Passas de frutas ... 31
- 3 — Banana ... 32
- 4 — Germe de trigo ... 32
- 5 — Sementes de girassol ... 32
- Clorofila ... 32
- Serralha com laranja ... 34
- Tratamento do ovo com limão ... 34
- O que evitar ... 34
  - 1 — Cafeína ... 34
  - 2 — Sal ... 35
  - 3 — Produtos refinados ... 35
  - 4 — Fumo ... 35
    - a) Extrato de sementes de tanchagem ... 36
    - b) Aromaterapia: cheirar água de cigarro ... 36
    - c) Meditação do cigarro ... 36
  - 5 — Álcool ... 38
  - 6 — Açúcar ... 39
- O Poder das Plantas ... 41
  - Plantas tranqüilizantes ... 41
    - 1 — Hipéricum ... 42
    - 2 — Dente-de-leão — *Taraxacum officinale* ... 42
    - 3 — Alecrim-de-jardim — *Rosmarinus officinalis* ... 42
    - 4 — Chapéu-de-couro — *Echinodorus macrophyllus* ... 43
    - 5 — Hortelã — *Menta piperita* ... 43
    - 6 — Anis — *Pimpinella anisum* (erva-doce) ... 44
    - 7 — Artemísia — *Artemisia vulgaris* ... 44
    - 8 — *Valeriana officinalis* ... 44
    - 9 — Tanchagem maior — *Plantago major* ... 45
    - 10 — Sálvia — *Salvia officinalis* ... 45
    - 11 — Melissa — *Melissa officinalis* (erva-cidreira) ... 46
    - 12 — Camomila — *Matricaria chamomila* ... 46
    - 13 — Gengibre — *Zinziber officinalis* ... 47
    - 14 — Alcachofra — *Cínara scolynus* ... 47
    - 15 — Alfavaca doce — *Ocimum basilicum* ... 47
    - 16 — Capim-limão — *Cymbopogon citratus* ... 48
    - 17 — Maracujá — *Passiflora incarnata* ... 48
    - 18 — Catuaba — *Erythroxylum catuaba juniperus brasiliense* ... 48

Um chá precisa ser bem feito 49
Extrato de flor de laranjeira 50
Um chazinho de ouro, por que não? 51
Banhos terapêuticos 52
Banho vital 53
Banho de toalha 54
Banho de cachoeira 56
Insônia 57
Respiração 59
Respiração lenta e profunda, a grande solução 61
Respiração de limpeza 62
Respiração pela narina esquerda 63
Respiração interrompida em quatro tempos 64
Respiração do fole (fogo) 65
Respiração da bomba de barriga 67
Respiração do silêncio 67
Respiração sitale 68
Respiração do pentagrama 69
Respiração para carregar os nervos 69
A Influência dos Sons 71
Mantras: remédio em forma de som 71
1 — Ong Namo Guru Dev Namo 72
2 — Sat Nam 73
3 — Sa Ta Na Ma 73
4 — Om 74
5 — Guru Guru Wahe Guru Guru Ram Das Guru 75
6 — Wahe Guru Wahe Guru Wahe Guru Wahe Dio 75
7 — Ang Sang Wahe Guru 75
Música 75
Aromaterapia e Cromoterapia, Artes muito Antigas 77
Aromas 77
Cores 81
Chacras 83
Primeiro chacra 85
Segundo chacra 85
Terceiro chacra 86
Quarto chacra 86
Quinto chacra 86
Sexto chacra 87

Sétimo chacra 87
Exercícios 89
Libere a tensão relaxando 89
Movimente-se 90
Quando praticar os exercícios 91
Como executar os exercícios 91
Ioga 93
Exercícios para liberar o estresse diário 94
  1 — Machado 95
  2 — Mingau 96
  3 — Hara 97
  4 — Grite no vazio 98
  5 — Riso 99
  6 — Esmurre uma almofada 101
  7 — Andar descalço 101
  8 — Desperte o seu corpo 103
Meditação 103
  1 — Dança meditativa 106
  2 — Meditação: Eu Sou 108
  3 — Meditação antidepressiva — sincronia cerebral 109
  4 — Exercícios meditativos para reverter estados depressivos 110
  5 — Para clarear emoções do passado e aliviar estresse 113
  6 — Meditação das sete ondas 114
  7 — Meditação Wha Guru 115
  8 — Eliminando pensamentos indesejáveis 115
  9 — Meditação Sat Krya 116
Sat Kar Tar — Um exercício de pronto-socorro 119
Para ir além do estresse e da dualidade 122
Técnicas para combater a fadiga 123
  1 — Posição da vitória 123
  2 — Posição da cobra 123
  3 — Posição do feto 124
Alguns modelos de catarse 124
  1 — Meditação kundalini 124
  2 — Gibberish 125
Para fortalecer o coração 127
Levantamento das cadeiras (ponte) 129
O triângulo 130

Índice

Rotação da cabeça 131
Reduza a tensão com automassagem 132
Massagem nos pés, a melhor massagem de cura 133
Massagem terapêutica 136
Liberando os esfíncteres 138
Movimente os olhos; técnicas para sair do estresse 141
Exercícios que melhoram o humor 143
Personalidade, nervos e percepção 145
Para estimular o sistema nervoso central e a
glândula pituitária 146
Elimine tensão e estresse 148
   1 — Relaxamento de Budha 148
   2 — Para experimentar a energia de Júpiter 149
   3 — Rodas de moinho 150
Para liberar medos 150
Para desvanecer melancolia 151
Para o sistema nervoso 152
Para o sistema nervoso e equilíbrio do sangue 155
Wha Guru, série para o sistema nervoso 157
A gente é o que a gente pensa 158
O poder da visualização 160
Flexibilidade, eis a questão 161
A Força do Pensamento 163
Afirmações positivas 166
Fique esperto com a televisão! 170
"Levanta, sacode a poeira, dá a volta por cima". 172
Bibliografia 175

Introdução

Viver bem não é viver sem desafios, e sim viver com criatividade, com atitudes positivas diante deles. É preciso entender que é impossível viver sem problemas. Essa verdade básica vale tanto para empresas como para pessoas. Superando pequenos problemas, criamos energia para lidar com problemas maiores.

Estamos na era do estresse. A ansiedade afeta a qualidade de nossa vida, pois, sem relaxarmos, não podemos desfrutá-la. Devemos observar que nem dinheiro, nem fama, nada tem valor real, se não tivermos a habilidade necessária para nos livrarmos do estresse. Até a saúde fica debilitada, já que não se repousa à noite, não se alimenta direito, não se faz boa digestão. O câncer, as doenças cardíacas, etc., podem surgir daí. Fica impossível amar, ser paciente, relacionar-se bem com as pessoas quando os nervos estão à beira de um colapso. A capacidade de sucesso fica comprometida, sem criatividade, sem confiança, sem calma. O estresse conduz a hábitos autodestrutivos, como comer demais, fumar, usar drogas, trabalhar em excesso.

A marcha da vida está acelerada, falta tempo para nos reajustarmos às mudanças. Hoje, podemos percorrer, num dia, mais quilômetros que um de nossos antepassados percorreu a vida inteira. Ficou difícil recordar quem somos e saber o que estamos fazendo aqui. As transformações econômicas e culturais que vivemos destroem a rotina em que vivíamos até certo tempo atrás. Hoje, mudança é uma regra e não uma exceção. Precisamos desenvolver a capacidade de nos adaptarmos a elas, para driblar o perigo do estresse. Se vemos a vida como um processo de aprendizado, passamos a considerar as mudanças como algo natural. A sabedoria oriental diz que nada é permanente, que tudo muda o tempo todo, mas que podemos partilhar ativamente desse processo, como participantes e não como vítimas ou controladores. Temos de desenvolver a habilidade de aprender com tudo o que nos ocorre, olhando as coisas como elas são e não como gostaríamos que fossem, aprendendo a manter nosso ponto de vista e mantendo-nos abertos para o ponto de vista dos outros.

Grande parte do desgaste físico e emocional vem de resistências baseadas na interpretação que fazemos da realidade. Essa interpretação depende de nossos medos, inseguranças, crenças, etc., programas que se cristalizaram em nossa psique pelas experiências pessoais e pelas mensagens culturais que recebemos desde pequenos. Nossa ação e nossa comunicação dependem dessas interpretações e atitudes.

Na verdade, o estresse não é causado por fatores externos, mas pela percepção que temos desses acontecimentos. É a nossa atitude interior que determina se seremos atingidos ou não. É mais fácil mudar o modo como vemos as coisas que tentar a mudança do fato em si. Se mudarmos a forma de agir nas situações, elas passarão a ser diferentes. O que era visto com ansiedade pode ser visto com compreensão.

Apenas há confiança quando há relaxamento, esta é uma lei. E não basta dizer: relaxe! É preciso mostrar como se relaxa. Este é o objetivo deste livro. Este é um programa para diminuir a tensão, definitivamente, sem drogas e sem efeitos colaterais. Aqui, estão técnicas e conselhos para serem usados no dia a dia, num trabalho de manutenção diária, como dietas com alimentos, exercícios especiais para incrementar a força nervosa e reduzir a tensão muscular, técnicas específicas de como manter a calma, como focar a atenção, como ter mais claridade mental, mais criatividade.

O propósito é ajudar a ver mais claramente os problemas que o conduzem à tensão. Ao alcance de qualquer um, simplesmente funciona. É preciso que você não seja mais uma vítima da ansiedade e da tensão que estes tempos frenéticos produzem. Ter uma vida tranqüila, de êxito, de bem consigo mesmo e com o mundo é um objetivo que pode ser alcançado quando se alia o poder das plantas curativas, tecnologia iógica, conhecimentos antigos, alimentação correta, mudanças no estilo de vida e vontade de estar num mundo melhor.

O que é Estresse?

Estresse é a maneira como uma pessoa reage diante de qualquer situação desconhecida que lhe traga mudanças. Qualquer situação que desperte uma emoção intensa, boa ou não, é um agente estressor.

Percebendo-se ameaçado física ou psicologicamente, surge uma aflição. Isso ocasiona uma descarga de hormônios no corpo, deixando a corrente sangüínea mais densa, o que acaba acarretando hipertensão, ataques cardíacos, derrames, enxaqueca, dores crônicas, envelhecimento precoce, etc. As pessoas ficam intransigentes, irritadas, impulsivas. O medo da violência, a disputa pelo mercado de trabalho e até os fatos que dão prazer, como férias, casamento, podem provocar estresse. A estimulação é farta: guerra, desastres, insegurança, fome, desemprego, poluição, perda de entes queridos, falta de dinheiro, barulho, inflação, mudanças sociais, necessidade de consumismo, etc...

Em estado crônico, as defesas do organismo ficam baixas, afetando o sistema imunológico, debilitando o organismo e prejudicando a saúde. Falhas de memória, queda de cabelo, insônia são apenas alguns dos distúrbios.

O estresse aparece com o acúmulo de problemas, criando uma situação que nosso sistema nervoso classifica como impossível de administrar. O maior perigo do estresse está nas situações cotidianas, como ficar preso no trânsito, perder as chaves, enfrentar filas quando se tem outro compromisso a cumprir, etc. Essas pequenas coisas nos devoram devagarinho.

Mas não é de todo ruim. Há um lado positivo no estresse, que faz dele um mecanismo importante para a sobrevivência do ser humano. É ele que leva uma pessoa a reagir, perante um desafio, com toda a sua força. Num momento em que tem de criar uma situação para salvar a vida, por exemplo, ou para evitar um atropelamento, ele é útil, porque nos dá capacidade de adaptação a mudanças e estímulos para vencermos as dificuldades.

O estresse pode ser benéfico ou não. O que não pode é ser permanente, com atuação descontrolada. É preciso ter equilíbrio para usá-lo bem, nos momentos necessários. Quando aprendemos a conviver com ele, a vida fica mais prazerosa e criativa.

Situações inesperadas podem ser recebidas como desafios e não como ameaças: aceitar críticas como um meio de enriquecimento pessoal; aprender a falar "não"; desistir de ficar no controle das situações, das pessoas; não se sobrecarregar com compromissos. Trace metas em relação a si mesmo e não em função dos outros.

Relaxamento, meditação ativa ou passiva, alimentação equilibrada, atividade física, uma vida mais natural são os pilares do tratamento.

Sinais de alerta: será que estou estressado?

O estresse ocasiona mudanças fisiológicas. Com freqüência, as pessoas não se dão conta de que estão estressadas. Não estando conscientes desse quadro, deixam de buscar auxílio para sair do problema nem tentam por si próprias.

Observe este quadro e veja em quantos itens se enquadra, tirando suas próprias conclusões:

- Aftas
- Alergias
- Alteração do metabolismo
- Andar ocupando toda a calçada, até caindo da sarjeta
- Ansiedade
- Apatia, desinteresse pela vida
- Baixa auto-estima
- Cansaço constante
- Corpo tenso
- Dependência de calmantes

- Dependência de drogas, inclusive alcoolismo
- Depressão
- Derrubar objetos em demasia
- Desejo de isolamento ao mesmo tempo em que o teme
- Desgaste excessivo das supra-renais
- Dificuldade de concentração
- Dificuldade para tomar decisões
- Dor de cabeça
- Ejaculação precoce
- Envelhecimento precoce
- Esbarrar em paredes
- Exigências consigo mesmo, além do normal
- Ficar desnorteado em lugar que conhece bem
- Frigidez
- Gastrite
- Gula ou inapetência
- Herpes
- Hipersensibilidade
- Impotência
- Inibição do processo digestivo
- Insônia ou sono em demasia
- Irritabilidade
- Medos infundados
- Memória fraca
- Pressão alta
- Problemas cardíacos
- Problemas de pele
- Propensão a acidentes
- Queda de produtividade
- Queda excessiva de cabelo
- Resfriados
- Sensação de inutilidade
- Tendência a aumento de peso
- Tontura
- Úlceras
- Viver perdendo coisas

O estresse pode aparecer sem causa aparente e são muitos os sintomas que apresenta. Muitas vezes, o estressado é vítima de julgamentos maldosos causados pela desinformação que cerca o assunto.

Há quem ache que é apenas "frescura", ignorando que na realidade ele é causado por uma alteração da atividade normal dos hemisférios cerebrais.

"É muito importante escutarmos a voz do nosso corpo físico. Não somos vítimas de nosso corpo, pois precisamos aprender que a mente tem o poder de mandar nele. Se a mente codificar para ele doença, assim ele reage. Se codificar saúde e perfeição, assim ele responde. Porém existem registros errados, crenças erradas a respeito de saúde, que precisamos limpar de nossa mente."

Chris Grinsom.

Como funciona o sistema nervoso, em breves pinceladas

O sistema nervoso é o sistema de comunicação do corpo. Ele armazena informações e faz o trabalho de mensageiro. Cada nervo é especializado em uma função.

As células nervosas, os neurônios, não se dividem para reproduzir a si próprias. Elas respondem a estímulos elétricos ou químicos e elas mesmas conduzem a eletricidade. Seus prolongamentos estão conectados a uma rede que permite que cada um receba as informações elétricas de que necessita e envie outras, para outros nervos, músculos e glândulas. Os impulsos nervosos, após serem interpretados, são enviados a outros alvos. É como um circuito eletrônico, só que muito mais complexo e sofisticado. Quando um neurônio é estimulado por uma carga elétrica, ele sofre uma alteração química, que gera um pequeno impulso que leva componentes químicos desse para outros neurônios vizinhos, provocando mudanças similares ao que aconteceu com o primeiro neurônio.

Por ser muito complexo, o sistema nervoso é classificado em central e periférico, mas essa é uma divisão anatômica e não uma divisão funcional, pois eles trabalham juntos, como uma unidade bem coordenada.

O sistema nervoso central consiste no encéfalo e na medula espinhal, protegida pela coluna. A maioria das nossas fibras nervosas está contida aí.

Os nervos que se localizam fora do cérebro e do cordão espinhal são denominados sistema nervoso periférico. A partir do cordão espinhal, entre as vértebras, saem trinta e um pares de nervos, ramificando-se numerosas vezes para se conectarem com outros nervos e alcançarem cada parte do corpo, cada centímetro dele.

O sistema nervoso periférico também se subdivide. Há neurônios que conduzem informações a partir dos órgãos, vasos sangüíneos, pele e órgãos sensoriais, que são os aferentes ou sensoriais, pois todas as informações que conduzem são colhidas por meio de nossos sentidos físicos.

Há conjuntos de neurônios completamente diferentes, que conduzem informações do cérebro para o resto do corpo. Destinam-se a movimentar cada parte deste de modo específico. São os eferentes.

Outros neurônios controlam as ações voluntárias, como a maioria dos movimentos musculares. São os nervos somáticos. Podemos escolher, por exemplo, se vamos coçar uma perna ou não.

Há também o sistema nervoso autônomo, que controla as ações involuntárias, tais como a circulação, a digestão, etc.

Agora, vamos falar da divisão que é muito importante no uso do relaxamento terapêutico. O sistema nervoso autônomo se divide em simpático e parassimpático. O primeiro é "estimulante" e o segundo é a parte "calmante".

O simpático controla nossas respostas relacionadas a emergências. O parassimpático controla o relaxamento, a digestão. Esses dois sistemas desempenham situações opostas e dessa forma se equilibram mutuamente. Por exemplo, o trabalho do primeiro é acelerar o coração quando necessário; já o do outro é desacelerá-lo.

O sistema nervoso simpático é o elo mais direto entre a mente emocional e o corpo, traduzindo os estados emocionais em alterações físicas. Ele responde ao medo, à raiva, à ansiedade. Quando tem um excesso de atividade, origina a tensão física crônica.

Numa vida sem ansiedade, o sistema nervoso parassimpático é o mais ativo. Se a ansiedade é freqüente, o sistema nervoso simpático inibe as ações do segundo, em vez de equilibrá-las.

Nas situações de estresse, a atividade do sistema nervoso simpático é aumentada numa pressuposição de que o corpo precisa tratar de assuntos urgentes. O ritmo cardíaco se acelera, a digestão fica inibida, desde as glândulas salivares até o final do intestino. Todos os esfíncteres (portas das diferentes partes do sistema digestivo) se fecham. O fígado libera grande quantidade de açúcar, os músculos esqueléticos dispõem de mais glicose e aumentam a contração. O medo drena o sangue de algumas áreas superficiais e de alguns órgãos, ficando o corpo numa situação de defesa. É um colapso total, que permanece até que o sistema nervoso simpático desfaça seu estado de alerta.

Se pudéssemos fugir, ou esmurrar algo, ou gritar muito alto, sairíamos mais facilmente desse processo. O problema é que quase nunca isso é possível. A maior parte da ansiedade dos dias atuais é causada por coisas pouco tangíveis: preocupações financeiras, pressão no trabalho, relacionamentos complicados. São situações difíceis de mudar, que ativam o sistema nervoso simpático e não permitem que o parassimpático atue, relaxando, fazendo o corpo voltar à capacidade normal de funcionamento.

Se não "descarregamos" o corpo, o sangue permanece inundado de açúcar e de hormônios excitantes, ficando tenso e agitado.

Se o sistema nervoso simpático fica ativo por muito tempo, o parassimpático fica inibido. É aí que a ansiedade se torna crônica, dando origem ao estresse.

Muitos distúrbios de saúde estão claramente relacionados ao estresse, sendo o mais sério deles a doença cardiovascular, que atinge o coração e a pressão sangüínea, causa maior das mortes prematuras no ocidente. Depois vêm os distúrbios digestivos, de todos os tipos, da úlcera ao câncer de cólon, todos causados pelas freqüentes paralisações do sistema digestivo. Muitos são os males que poderiam ser evitados, mas que se fazem presentes porque a maioria das pessoas escolhe uma vida cheia de ruídos, de desafios, pressões e estimulação, esquecendo-se de que a tranqüilidade, o descanso e a contemplação também são necessários.

Para restaurar o equilíbrio saudável entre os dois ramos do sistema nervoso autônomo, é preciso dar vazão, trabalhando duro, suando e depois relaxando. Ansiedade requer uma liberação poderosa, como andar muito depressa, esmurrar algo apropriado, bater com um pedaço de mangueira no chão, quebrar objetos inúteis, enquanto estiver perturbado. Isso vai ajudar, evitando constipação, diarréia, insônia, etc.

Do mesmo modo que um exercício vigoroso ajuda após um forte apelo do sistema nervoso simpático, os exercícios suaves podem auxiliar na recuperação do estresse, consumindo o excesso de açúcar e de adrenalina do sangue, regulando a circulação com respirações profundas e relaxando o sistema digestivo. Os músculos podem ser persuadidos, física e mentalmente, a relaxar de várias maneiras.

Como manter a calma

Durante o tempo todo, somos bombardeados com mil e um pensamentos. Nem percebemos grande parte deles, que chegam sorrateiramente, sem nos darmos conta, sendo subconscientes. Isso nos traz muito cansaço. Para diminuir a tensão e descansar a mente, é necessário reduzir o número de pensamentos e selecioná-los, concentrar-se no que é importante e descartar o resto, descobrir quais são os que levam ao sucesso e quais são os que levam ao fracasso. É na calma que encontramos muita energia; nela, está a fonte do êxito, do potencial criativo. É possível aprender a ser tranqüilo, mesmo sob pressão externa. É uma conquista, um desafio que vale a pena enfrentar.

Os pensamentos vêm aos pares, cada qual ligado ao seu oposto. Cada "sim" vem acompanhado de um "não". Se você pensa em virar para trás, o virar para frente já vem incluído. "Eu não posso" traz junto "eu posso". Estar consciente disso é uma boa chave para encontrar a calma. Se os pensamentos vêm juntos, então fica fácil saber qual das partes se aplica ao seu caso. Se diante de um doce vem o pensamento "eu preciso comê-lo", e você sabe que o pensamento que vem junto é "eu não preciso comê-lo", escolha o que lhe convém. Se numa meditação de braço erguido vem a ordem "eu vou abaixar o braço senão morro de dor", e você já sabe do pensamento oposto que veio junto, fique com este e mantenha o braço levantado. Repita para você mesmo: "nunca ouvi falar que alguém morreu porque ficou com o braço para cima". Fica mais fácil. A arte de observar um pensamento, antes de atuar sobre ele, é uma habilidade que você obterá pela meditação. Se você for capaz de eleger o pensamento correto, no momento certo, estará perto do êxito.

É bobagem tentar resolver todos os problemas de uma única vez. Estude-os sem precipitação, agindo com prudência. Dê prioridade ao que realmente é importante, o resto pode esperar.

Respeite o seu limite. Se, por exemplo, a louça está suja, a empregada não veio e você tem um compromisso inadiável, fique tranqüilo. Diga para você mesmo: "não estou vendo nada". E pronto! Quando puder, lave os utensílios, sem culpa, sem estresse.

Outro detalhe importante é não ficar tentando calar a mente. Pensamento vem, pensamento vai, não tente impedi-los de chegar, nem procure expulsá-los. Não se incomode com eles; aceite-os como um filme desinteressante que está passando na tela de sua mente. Você não é sua mente, você é essência. A mente é como um computador, um arquivo, uma caixinha onde você põe e tira informações. Está a seu serviço, pode ser mudada a qualquer instante. Pertence-lhe, não é parte de você. A essência não muda nunca.

Como sair de uma crise repentina?

1 — Água!!! Use essa mágica

Um bom copo de água é o tratamento número um para crise emocional. Muitos conflitos podem ser resolvidos pela absorção de água.

Quando os nervos parecem que se vão romper, a respiração fica rápida e superficial, a pressão sangüínea se eleva e a temperatura do corpo sobe, muita adrenalina é segregada. Beba muita água para sair desse quadro. Bastante mesmo. A temperatura cairá e a calma virá automaticamente. É como fazer uma pausa no meio da crise. Isso dará uma perspectiva mais neutra da situação, deixando-o menos preso a ela.

2 — Aprofunde a respiração

Muito simples e efetivo para eliminar o estresse. Dá muita paciência e estabilidade emocional. Comece observando a respiração, simplesmente, observando a entrada e a saída do ar sem interferir em nada.

Então, inale uma vez e exale duas vezes.
Inale uma vez e exale três vezes.
Em cada inalação repita para si mesmo, mentalmente: SAT.
Em cada exalação repita: NAM.

Com certeza sairá da crise em que se encontra. Use sua própria respiração para controlar-se, para impedir que os pensamentos o dominem. Ao observar a respiração, ela diminui o ritmo, trazendo o relaxamento da tensão. Se você conseguir relaxar durante uma crise, terá condições de resolvê-la, certamente.

3 — Ou então...

Esse é um poderoso tratamento de emergência emocional, que atua nos centros nervosos simpático e parassimpático. Esse exercício também ajuda na eliminação de nicotina, auxiliando os fumantes.

Se necessário, assoe o nariz. Inale, então, de forma prolongada, sempre pelo nariz, e exale tudo de uma vez só, forte e rapidamente.

Mude seus hábitos por quarenta dias

... E tudo será diferente.

Observe como tudo na vida tem ritmo. As estações do ano se seguem em ordem, sempre há uma noite entre dois dias, a seqüência das horas é sempre a mesma, e assim por diante. O corpo humano obedece a ciclos imutáveis: nascemos, crescemos, amadurecemos, morremos... Primeiro, vêm os dentes de leite; depois, os permanentes... Foi sempre assim.

Os mestres de Ioga ensinam que há um ciclo de quarenta dias para a mudança de qualquer um de nossos hábitos. Se fizermos alguma coisa por quarenta dias, ela passará a fazer parte de nossa vida, nós nos habituaremos a ela. Se deixarmos de fazer algo pelo mesmo tempo, perderemos o desejo de fazê-lo. Muda-se o hábito.

Experimentando um programa antiestresse por quarenta dias, sua vida estará mudada. Você terá realmente a experiência, então decidirá se continua ou não. Não se perde o resultado.

Quarenta dias formam um ciclo de tempo. No final dele, terá condições de avaliar. Isso não quer dizer que terá de esperar todo esse tempo pelos primeiros resultados. Eles começam a aparecer imediatamente e vão se firmando a cada dia.

Quarenta dias exatos: é o tempo certo para consolidar resultados, para que eles façam parte de sua vida.

Às vezes, nós nos recusamos a tirar proveito das situações que nos são oferecidas. A mudança é uma parte necessária ao desenvolvimento. É preciso dar o primeiro passo na direção do seu destino, abandonando-se, com confiança, ao poder da Cura Universal.

Regrinhas importantes

1) Descanse um pouquinho antes de alimentar-se. Coma sem pressa, relaxadamente, consciente de que está comendo, com sentimento de gratidão. Desfrute o alimento. Quando você estiver nervoso, não coma. Um estômago tenso não digere a comida, e a indigestão prejudica todos os sistemas do corpo. É bom não comer antes de dormir, permitindo que os órgãos descansem. Procure alimentar-se moderadamente, sem exageros.

É importante não superalimentar as crianças, criando nelas a necessidade de queimar todo esse alimento que lhes foi ministrado com hiperatividade. Bebês superalimentados costumam chorar muito. É importante lembrar que o tamanho de seu estômago não é do mesmo tamanho que o do adulto.

2) Prepare os alimentos corretamente: panelas tampadas, fogo baixo, não deixe as verduras de molho na água, para que não percam suas propriedades. Pique os alimentos no sentido longitudinal a fim de aproveitar mais a energia que contêm. Cozinhe com calma, com carinho, para alimentar além do corpo físico. Comida feita com prazer é muito mais assimilável.

3) Cuidado com misturas. Há alimentos que não podem ser ingeridos juntamente com outros, pois requerem enzimas diferentes para sua digestão, fazendo com que um dos alimentos ingeridos fique fermentando enquanto o outro é digerido. Quanto menos variado é o cardápio, melhor a digestão. Evite comer frutas e verduras na mesma refeição.

Boa assimilação significa bons nervos, pois vitalidade vem do que o corpo digere e não do que foi ingerido. Nem tudo que se come é aproveitável.

4) Procure ficar centrado no momento que está vivendo agora. Preste atenção nos sons, na temperatura, na respiração. Assegure-se de que está aqui e agora. O passado já foi e o futuro não será como se espera. As coisas do passado podem ficar lá onde estão. O futuro também. A única coisa que temos de fato é o presente e podemos perdê-lo, se não ficarmos atentos.

5) Lembre-se de que toda frente tem verso, desenvolvendo a mente neutra para ver o panorama geral das situações. Aprenda a olhar todos os acontecimentos da vida com neutralidade, percebendo que esses eventos têm um propósito, tudo é uma experiência de aprendizado.

Tudo acontece para nos ensinar alguma coisa. Difícil, mas é possível conseguirmos isso com meditação.

Pouco a pouco, os pensamentos vão se centralizando e vamos nos sentindo mais no centro. As situações da vida, como o trabalho, o lugar em que moramos e as pessoas do nosso convívio ficam como satélites ao nosso redor. E nós, no centro, irradiando, desapegados, em paz, simples observadores olhando a vida pelas janelas do corpo. Inteiros.

6) É preciso respeitar os ritmos biológicos, alimentar-se direito, nos horários certos, dormir cedo, com a cabeça voltada para o pólo norte, captando o fluxo eletromagnético telúrico do planeta. É como remar a favor da correnteza. Isso nos ajuda a ter mais saúde e equilíbrio. O fígado, o pâncreas e a vesícula limpam-se depois das vinte e três horas, de acordo com a medicina oriental Ayurvédica.

7) Fazer alguma coisa para si mesmo, como se presentear, gratificar-se, lutar por um sonho.

Quantas vezes deixamos de fazer o que queremos para agradar outras pessoas. Então, sentimo-nos infelizes no dia em que descobrimos que não fizemos nada do que queríamos... e que a vida passou.

8) Conversar consigo mesmo, observando as palavras usadas nessa comunicação. Procurar aceitar o que não pode ser mudado. Se algo não funciona, pense que deve haver uma razão para isso, que você desconhece.

> ... "Era uma vez um botão de rosa, fechado ainda, que, tudo julgando de acordo com o que via, achava o mundo muito escuro, muito pequeno. Solidamente encerrado em si mesmo, nada conhecia do universo. Achava que tudo acabava ali mesmo. Até que um dia desabrochou em flor e viu a imensidão, a claridade, que sempre estiveram lá e ele não sabia. Então, o coração da flor tomou conhecimento de um vasto mundo em torno de si, e compreendeu muita coisa."

Muitas vezes, isso acontece com a gente. Em conseqüência da imagem de nossos pensamentos e sentimentos, encontramo-nos em nossos próprios mundos, de punhos fechados, olhos cerrados. É preciso desabrochar como a flor para compreender os mistérios da vida.

9) Abraçar árvores, um costume antigo usado para captar a energia vital das plantas. Para beneficiar o sistema nervoso, encoste toda a coluna vertebral em seu tronco, relaxadamente. Depois, coloque

a região do umbigo em contato com a árvore, num abraço carinhoso. Respire profundamente, concentrado, pedindo licença. Imagine uma imensa coluna de energia brilhante penetrando no seu corpo. Agradeça o presente recebido. Com isso, descarregamos as energias negativas e equilibramo-nos energeticamente.

Há quem diga que as mais velhas, de grande porte, são as melhores. Outros dizem que a árvore nunca deve ser mais larga que o nosso corpo. Procure sempre aquelas que estejam saudáveis, exalando vitalidade, de preferência em lugares agrestes.

Entre em contato com os sons da natureza: passarinhos, grilos, cigarras, riachos, cachoeiras, para aliviar os ouvidos do barulho das aglomerações da cidade.

10) Quando não estiver de bom humor ou não se sentindo muito bem com um trabalho, exale por cinco minutos, profundamente, e verá que de repente a irritação sumiu.

11) Procure ficar pelo menos alguns minutos por dia sem roupa nenhuma, para relaxar os vasos sangüíneos e armazenar energia. Seus nervos agradecerão.

A luz do sol, tomada de manhãzinha ou no fim da tarde, também é um alimento insubstituível.

12) Despertar com uma boa espreguiçada, bocejando, ajuda bastante. Nada mais estressante que acordar com o toque alarmante do despertador. Os músculos que estavam relaxados imediatamente tencionam. Mexa-se feito um gato tomando sol no tapete, alongue-se. Um banho frio alternado com um banho quente, roupas e sapatos confortáveis, fazem muita diferença na qualidade do seu dia.

13) Evite pessoas "reclamonas", azedas, que vêem tudo preto. É muito difícil conseguir que mudem de atitude e, muitas vezes, elas acabam nos influenciando.

Eleve a sua faixa vibratória. Isso pode ser conseguido conversando com uma pessoa otimista, lendo um livro positivo, fazendo uma caminhada, entre tantas outras coisas.

14) Se está se sentindo encapsulado, achando impossível sair da prisão, cante bem alto. Isso ajuda a combater o estresse, principalmente quando estamos no trânsito engarrafado.

> "Para não ter estresse, antes de sair da cama, organize em sua cabeça tudo o que precisa fazer no dia. E depois, entregue essas coisas ao Eu Superior, pedindo que as faça por você e aí relaxe."
>
> Chris Grinsom

O Papel da Alimentação

... E uma célula falou para a outra: "Caramba, hoje não há comida." A importância da alimentação é muito maior do que se imagina. Ela não só nutre a estrutura física, como também o veículo energético. Compondo nossos fluidos, dos mais grosseiros aos mais sutis, o alimento influencia o humor, temperamentos, reações emocionais, comportamentos, metabolismo, etc.

Alimentos muito temperados, ácidos ou picantes demais, como as carnes, embutidos, conservas, são de qualidade inferior. Deixam a pessoa lenta, agressiva e irritadiça.

Os alimentos mais puros, como grãos, verduras, legumes, frutas, raízes, tornam o homem mais atento, sensível. A alimentação equilibrada repõe as energias consumidas pelo estresse.

No mundo moderno, as pessoas alimentam-se em função do paladar, despreocupadas com a nutrição. Há uma enorme quantidade de produtos artificiais, coloridos, exuberantes, atraentes. Com essa dieta rica em agrotóxicos e aditivos variados, estabeleceu-se um caos alimentar. As pessoas em geral já não sabem alimentar-se com simplicidade. Com isso, cultiva-se o envelhecimento precoce, pois há um desgaste acentuado nos órgãos exaustos pelo trabalho dobrado a que são submetidos.

O fato de se alimentar de carnes ricas em toxinas, putrefatas, mostra uma profunda ignorância das leis naturais. O tipo de dentes que temos e nosso tubo intestinal longo mostram nitidamente que não somos carnívoros. E não é apenas a toxina o problema. Há uma outra questão para ser analisada.

Como seres conscientes, não temos o direito de provocar sofrimento a nenhum ser. O princípio da não-violência deveria acompanhar o homem até na escolha de alimentos. Se nós nos alimentamos de cadáver, ingerimos junto com a carne também os fluidos do animal estressado, que não pretendia morrer para virar alimento. Dizem os iogues que as pessoas que se alimentam de carne têm muito medo da morte. São facilmente irritáveis.

Observando os animais, vemos que os que se alimentam de ervas, como os cavalos, os bois, são de índole pacífica, enquanto tigres, leões, panteras, cuja dieta é carnívora, são animais temíveis. Se ficarmos atentos ao comportamento das pessoas em um churrasco, veremos que é bem diferente do comportamento de pessoas em um almoço vegetariano.

Os nutrientes para as células vêm dos alimentos, absorvidos principalmente nas paredes intestinais. Se os alimentos são bons, o sangue leva qualidade a todas as partes. Se os alimentos são tóxicos, o sangue fica sujo, levando essa característica pelo corpo afora. Quando falta um nutriente, não há como fazer a mágica e o corpo fica ressentido da sua falta. Intestinos sujos assemelham-se a panelas sujas; como fazer uma boa comida com panelas imundas?

Os alimentos que ingerimos têm muito a ver com a qualidade de nossos nervos. Não só o corpo, também a mente é influenciada pelo que comemos. Açúcar, chocolate, cafeína, quando consumidos em demasia, são perigosos para qualquer pessoa, inclusive para os estressados. Assim como os colorantes, conservantes e pesticidas químicos, eles provocam um aumento do nível de açúcar no sangue, rapidamente, e uma queda brusca, poucas horas depois.

Toxinas ou alimentos? Que substâncias são daninhas quando se abusa delas? Que minerais e vitaminas são necessários para aliviar o sistema nervoso? Não podemos ignorar essas coisas, se o objetivo é combater o estresse.

Vitaminas e minerais

Os minerais são vitais para a saúde. Geralmente, funcionam em parceria com as vitaminas, ajudando-as a chegar mais depressa aos lugares onde são necessárias. As vitaminas também fazem o mesmo com os minerais.

O álcool, o fumo e as comidas processadas podem causar deficiências.

Aqui, serão enumeradas apenas as vitaminas e minerais mais importantes no tratamento do estresse, de forma muito resumida:

1 — Vitamina C

Popularizada pelo seu uso contra resfriados, faz muito mais que isso. Ela acelera os mecanismos curativos. Indispensável na cicatrização de ferimentos, reconstituição de ossos e dentes, aumenta as defesas do organismo. É absolutamente vital para todas as funções do corpo, principalmente no funcionamento das glândulas supra-renais. O estresse debilita o corpo e a vitamina C ajuda a reconstituí-lo.

No preparo de alimentos, deve-se evitar o contato prolongado com o ar e a luz, para evitar a perda da vitamina C. O cozimento, em panelas de alumínio ou cobre, acentua essa perda. Uma boa parte também se perde quando se rala ou pica em pedaços muito pequenos as hortaliças ou frutas que a contêm. Os alimentos conservados por esterilização, sem ar, mantêm a vitamina C. Sucos de fruta devem ser consumidos assim que são feitos, pois quando guardados deixam de contê-la.

Fontes: frutas cítricas, goiaba, caju, abacaxi, repolho, agrião, espinafre...

2 — Vitamina A

Essa é a vitamina da vitalidade e da beleza. Retarda as infecções e o desgaste das membranas mucosas durante os períodos de cansaço. Mantém a saúde das células nervosas. Sua falta traz problemas também para os olhos e para a pele; predispõe o organismo a infecções das vias respiratórias e aos cálculos renais. Quando em excesso, altera o crescimento dos ossos nas crianças, há tendência a perda de cabelos, fissura nos lábios, etc.

É encontrada no leite e seus derivados, e nos ovos. Frutas de cor amarela, folhas verdes, cenoura, batata-doce, abóbora, ervilha e milho não a possuem, mas podem transformar-se nela. Esses alimentos fornecem o caroteno, uma provitamina A que, no fígado, se transforma em vitamina A pela ação de um fermento, a carotinase.

3 — Vitamina D

Ela regula a absorção de cálcio e fósforo, que são essenciais para o fortalecimento dos nervos. Sua falta está ligada ao raquitismo, cáries dentárias, fraqueza dos músculos. Em excesso, produz perda de cálcio nos ossos, fazendo ainda depósitos anormais de cálcio nas artérias e órgãos. O balanceamento é feito nas glândulas tireóides e paratireóides.

Poucos são os alimentos que a contêm, entre eles: leite e gema de ovo caipira, e em pequenas quantidades nas folhas verdes. É muito importante que se tome sol nos horários certos, para que ela se fixe no organismo.

4 — Vitamina E

É a vitamina do coração, pois oxigena os músculos, principalmente o cardíaco. Faz os nervos funcionarem com menos oxigênio, facilitando a ida do sangue para o coração e prevenindo coágulos sangüíneos. Também protege os pulmões contra a poluição. Ela assegura uma vida mais longa.

Sua falta pode ocasionar lesões no sistema nervoso.

O alimento mais rico em vitamina E é o germe de trigo, desde que não esteja rançoso, o que ocorre facilmente. Encontra-se também no óleo de semente de algodão, amendoim, milho, hortaliças verdes, leite e ovos.

5 — Vitaminas do Complexo B

Indispensáveis para a saúde do sistema nervoso, pois deixam os nervos fortes, prevenindo a fadiga. Quando falta a um organismo, dá origem à depressão, insônia e irritabilidade.

Elas melhoram a circulação sangüínea, protegem as supra-renais, regulam a absorção das proteínas e são muito importantes na produção dos hormônios. Contribuem no metabolismo das outras vitaminas, tornando-as mais assimiláveis para as células nervosas. Ajudam na saúde dos olhos e na reparação dos órgãos.

As vitaminas B 12 colaboram com a produção de glóbulos vermelhos, afetando diretamente os níveis de energia e a capacidade de concentração.

A levedura de cerveja, assim como os cereais integrais e as leguminosas, é portadora desse complexo vitamínico.

A vitamina B 1 é chamada "vitamina do humor", por seus efeitos benéficos no sistema nervoso e atitude mental positiva. Sua deficiência está associada à fadiga precoce, irritabilidade e falta de concentração. Pode ser encontrada na uva.

Minerais

1 — Cálcio

Cãibras e insônia podem ser ocasionadas pela sua deficiência. Pode estar associado à calcificação vascular, desequilíbrio hormonal, unhas frágeis e quebradiças, cáries freqüentes, terror noturno, bruxismo, palpitação, obesidade. O cálcio é muito importante para o sistema nervoso. O estresse diminui as reservas de cálcio, desgastando o corpo. Ingerir alimentos que o contenham acelera sua recuperação, mas é de absorção difícil, dependendo de quantidades adequadas de vitamina D e C.

Encontra-se no leite e seus derivados, aveia, agrião, brócolis, laranja, salsa, couve, amêndoa, cenoura, algas marinhas, milho, beterraba, limão, alface, levedura de cerveja, etc.

2 — Fósforo

O fósforo é um complemento do cálcio; os dois sempre trabalham juntos pela clareza mental e fortalecimento dos nervos em geral.

3 — Magnésio

O magnésio tem a propriedade de relaxar nervos e músculos. É conhecido como o "mineral antiestresse".

O cálcio depende do magnésio para ser assimilado pelo corpo. Atua também no coração e é um tranqüilizante natural. Sua deficiência produz irritabilidade e depressão.

Pode ocasionar tremores, TPM, fraqueza, bruxismo, palpitação, tendência a intestino preso, insuficiência cardíaca.

Fontes: amêndoas, farinha de trigo integral, brócolis, cenoura, uva, espinafre, maçã, laranja, repolho, banana, aveia, castanha, coco, pêra, beterraba, etc.

4 — Ferro

Ele aumenta a quantidade de sangue, previne a fadiga e ajuda no transporte do oxigênio do pulmão para as células nervosas. O ferro melhora a capacidade de resistência às doenças. Em baixa quantidade, pode ocasionar anemia, deficiência de vitamina C, cansaço, tontura, taquicardia e palpitação.

Encontra-se em todas as verduras, amêndoas, nozes, legumes, arroz integral, lentilha, aveia, etc.

5 — Cobre

O ferro só é absorvido se houver cobre com ele. A maioria dos alimentos que contêm ferro também traz o cobre na proporção certa.

Cobre e zinco não são compatíveis. Quando há desequilíbrio entre os dois, pode surgir a esquizofrenia.

Esse mineral, em baixa, pode estar associado com queda de cabelo, calvície precoce, estresse, inchaço de tornozelos, dores nas articulações, fraqueza muscular e deficiência imunológica.

6 — Zinco

Sua falta está associada também ao estresse, apatia, assim como à obesidade, fragilidade de unhas e cabelos, irregularidade menstrual, crescimento lento, acne, alterações no paladar e olfato. Pode ainda ocasionar artrite, zumbido e anemia.

Brócolis, repolho, cenoura, salsa, nozes, castanha, ervilha, levedo de cerveja, alface, espinafre e laranja são ótimas fontes naturais desse mineral.

Todos os minerais são "casados". Uns sempre dependem de outros. Todos eles são mais aproveitados pelo corpo se ingeridos na forma natural. Os alimentos apontados nas próximas páginas são ricos nesses elementos. Por fortalecerem o sistema nervoso, são específicos no combate ao estresse.

Alimentos antiestresse

Muitas frutas e verduras têm essa propriedade. O ideal é uma alimentação bem variada e colorida. Os que mais se destacam para essa finalidade são:

- açafrão
- agrião
- aipo
- alface
- brócolis
- cebola
- coentro
- espinafre
- salsa
- serralha
- tomate

- amêndoas
- amendoim
- nozes
- soja

- abiu
- ameixa
- banana
- caju
- figo
- framboesa
- fruta-do-conde
- maçã
- mamão
- maracujá

- levedo de cerveja
- mel
- coalhada

Alguns destaques

1 — Amêndoa

Respeitada por suas propriedades regenerativas, contém quase todos os nutrientes necessários para o fortalecimento dos nervos. Proporciona energia por tempo prolongado e é tida como afrodisíaca.

É melhor comê-la sem pele, pois fica mais digestiva. Para removê-la, coloque-a em água quente por alguns minutos. Poucas amêndoas são o bastante: de três a sete, só isso. Uma boa mastigação realçará seu sabor agradável e facilitará a digestão.

2 — Passas de frutas

São ótimas substitutas para as guloseimas feitas com açúcar. Mais baratas, ricas em nutrientes e saborosas, as passas ajudam a combater o estresse. Poucas delas são o suficiente para que se obtenha a quantidade necessária de nutrientes para o corpo. Uva, caqui, banana, maçã, são muitas as frutas que podem ser comidas secas. Após ter comido qualquer fruta desidratada, beba um pouco de água para compensar. Escolha as frutas que secaram de modo natural.

3 — Banana

Barata, fácil de preparar, doce, altamente nutritiva, é o "alimento dos nervos".

De digestão fácil, também é ótima para tratamentos de úlcera e outros problemas de estômago. A parte mais importante dela pouca gente aproveita: o interior da casca, que pode ser raspado com uma colher. O sabor não é grande coisa, mas a qualidade é muito maior que a do fruto. Procure por bananas amadurecidas naturalmente.

Os antigos tinham o hábito de chupar a banana nanica, gastando-a devagarinho, nos casos de fraturas de ossos. Diziam que, com esse "tratamento", eles se soldavam mais facilmente.

4 — Germe de trigo

É um alimento curativo por excelência. Contém também o ácido pantotênico, tão importante para desenvolver a inteligência.

Pode ser adquirido em entrepostos naturais e até em supermercados. É melhor guardá-lo sob refrigeração, para evitar o ranço. É excelente com fruta, iogurte, cereal, sopa, salada, etc.

5 — Sementes de girassol

Ajudam na oxigenação do sangue, na saúde do coração e na eliminação da radioatividade excessiva do corpo.

Alimento rápido e saboroso, com passas fica ainda melhor. Ótima opção para quem está viajando. É possível comprá-las já descascadas. As que não contêm sal são as melhores.

Clorofila

É a substância nutritiva dos vegetais verdes. É extremamente benéfica para o ser humano, principalmente para os nervos. Se usada adequadamente poderá ter um efeito notável em sua saúde.

As folhas de qualquer verdura comestível (quanto mais verdes melhor) podem ser usadas na forma de saladas ou sucos. Experimente rúcula, almeirão, espinafre, chicória, salsa, agrião, couve, salsinha, e outras, mesmo as amargas.

Não é necessário que se coloquem muitas folhas no suco, pois estando muito forte fica desagradável, e é muito importante que seja saboroso. Também é desaconselhável a mistura de muitas plantas diferentes. Basta um ou dois tipos de cada vez.

E basta um copo de suco, meia hora antes de uma das refeições, para conseguir grandes resultados.

Além de combater o estresse, apresenta diversos benefícios para a saúde, dos quais, alguns serão enumerados a seguir. Esta lista foi extraída do livro *Argila, um Santo Remédio*, de minha autoria.

Alguns efeitos do suco de clorofila:

- fornece ferro para os órgãos;
- neutraliza parte das toxinas ingeridas;
- melhora as condições anêmicas;
- limpa os tecidos intestinais;
- regula a menstruação;
- melhora os problemas de açúcar no sangue;
- ajuda a purificar o fígado;
- ajuda na cicatrização rápida de feridas;
- elimina odores do corpo;
- melhora a drenagem nasal;
- diminui a necessidade de desodorantes axilares;
- elimina o mau hálito;
- alivia ferimentos da garganta;
- beneficia amígdalas inflamadas;
- alivia hemorróidas doloridas;
- ajuda as descargas catarrais;
- revitaliza o sistema vascular nas pernas;
- melhora veias varicosas;
- reduz a dor causada por inflamações;
- melhora a produção de leite materno;
- limpa a estrutura dos dentes e gengivas;
- ajuda nos processos cancerosos;
- auxilia quem está com o sangue muito espesso.

Com os sais minerais, enzimas e vitaminas, a clorofila faz parte do controle de todas as atividades vitais do organismo. Para um estressado, tanto melhor.

Serralha com laranja

Ainda em jejum, experimente tomar um suco feito na hora, com algumas folhas de serralha. Se preferir mudar o sabor, pode misturá-lo com suco de laranja.

Além de melhorar a saúde de seu fígado, conseguirá uma pele bonita e fortificará o sistema nervoso, combatendo o estresse.

Tratamento do ovo com limão

É excelente para as inflamações do aparelho urinário. E também para recuperar fratura, anemia, grande fadiga e depressão nervosa. Dá bons resultados nos casos de descalcificação, desmineralização e osteopatias.

Em meio copo de caldo de limão-vinagre é colocado um ovo caipira inteiro, depois de lavado, sem quebrá-lo ou mesmo trincá-lo. Tapa-se o copo, que ficará em repouso por uma noite.

Então, cuidadosamente, retira-se o ovo. Ele estará com a casca mole.

Toma-se todo o conteúdo de uma vez, em jejum, de dois em dois dias. Se o aspecto não agrada, experimente fechar bem os olhos, na hora de beber. Fica muito mais fácil.

A parte que sobrou do ovo pode ser aproveitada na cozinha.
Esse tratamento é de dez dias, em média.

O que evitar

Há "alimentos" que são absolutamente danosos ao corpo. Vejamos os principais:

I — Cafeína

Em doses concentradas, é um verdadeiro veneno. É encontrada no café, chocolate, chá preto e bebidas que contêm cola.

A longo prazo, seu uso traz problemas para o sistema nervoso, afetando a memória, a coordenação motora e a percepção. Cria irritação, o nível do colesterol sobe, o coração estressa. As paredes estomacais ficam machucadas. Provoca insônia, impedindo o relaxamento profundo. Então, vem a fadiga. A subida de ânimo que provoca é

sempre seguida por depressão. A cafeína exige demais dos nervos e das glândulas.
Se é muito difícil abandonar o hábito de ingeri-la, pelo menos pode ser tentada a sua diminuição gradativa.

2 — Sal

Algumas pesquisas asseguram que o excesso de sal atrapalha a assimilação de cálcio no corpo, sobrecarrega as glândulas supra-renais, dá hipertensão e fadiga. Retendo os fluidos do corpo, acaba pressionando o coração. Muito sal produz hiperacidez no estômago, abrindo um bom campo para as úlceras e gastrites. De inocente ele não tem nada e contribui bastante para o estresse de cada dia.

3 — Produtos refinados

Os produtos refinados perdem as vitaminas do Complexo B, que se alojam nas películas. Elas são essenciais para um sistema nervoso forte. Desprovidos de suas películas, o arroz, o trigo e seus derivados ficam muito pobres. É melhor usá-los na forma integral.

4 — Fumo

O fumante necessita de mais ferro que o não-fumante para transportar o oxigênio para as células. A vitamina C também é perdida pela nicotina.

O ideal seria o abandono do fumo, pelos muitos malefícios provocados por ele, que não me cabe aqui enumerar. Quando não se consegue abandonar o vício, pelo menos deve-se aumentar o consumo de vitamina C e ferro.

Deixar hábitos prejudiciais apenas com a força da vontade é algo muito difícil e leva a muitos conflitos internos. Quando a tentativa não dá certo, surgem os sentimentos de culpa e de inferioridade.

Uma forma de conseguir com que a vontade de fumar fique cada vez menor, até desaparecer completamente, é praticar Ioga. Isso ocorre de maneira muito natural, aos poucos, até que um dia a pessoa descobre não sentir mais prazer ou necessidade disso. Fumar é um hábito nervoso, satisfaz uma necessidade dos nervos. Ioga fortalece o sistema nervoso, eliminando as tensões acumuladas. Um sistema nervoso estável não precisa de um calmante artificial. Os exercíciosióguicos aumentam a energia vital, desenvolvendo a sabedoria interna, e, então, aprende-se a ouvir o que o corpo diz, o que é melhor para o seu organismo, o que é prejudicial.

A sabedoria do corpo impede que prossigamos com a autodestruição: se você se alimentar de acordo com essa filosofia de vida, comendo alimentos naturais, a vontade de fumar irá diminuir naturalmente. Sem grande esforço, pois não haverá a formação de ácidos causados pela alimentação artificial, e nicotina só agrada ao paladar quando se tem alimentação pesada. Após uma refeição que forneça grande quantidade de energia, um cigarro não oferece nenhum atrativo.

Aqui estão algumas dicas, para os que desejam abandonar o vício do cigarro:

a) *Extrato de sementes de tanchagem (plantago maior)*

Veja a receita de extrato de flores de laranjeira e proceda da mesma maneira, substituindo aquelas por sementes de tanchagem. O procedimento é igual. Use quinze gotas diluídas em água, três vezes ao dia. Antes de engolir, deixe por algum tempo na boca.

b) *Aromaterapia: cheirar água de cigarro*

Coloque um toco de cigarro já usado em um copo de água e deixe-o sempre por perto de você.

Quando tiver vontade de fumar, fume, mas antes dê uma boa cheirada no copo. Não troque a água.

Com o passar dos dias, passará a sentir nojo desse cheiro e a simples lembrança dele apagará a vontade de fumar.

c) *Meditação do cigarro*

No livro *Orange*, Osho nos dá uma meditação muito interessante:

> "Bhagvan contou: Um homem veio a mim. Ele sofria do vício de fumar há trinta anos. Estava doente e os médicos disseram: 'Você nunca ficará bom se não parar com isso'. Ele era um fumante crônico e não conseguia parar. Mas tentou, tentou, arduamente e sofreu muito tentando. Conseguia por um ou dois dias, mas então a necessidade de fumar vinha tão forte que simplesmente o vencia. Novamente, ele caía no mesmo esquema.

Por causa disso, ele perdeu toda a autoconfiança. Sabia que não podia fazer nem essa pequena coisa: parar de fumar. Desvalorizou-se diante de si mesmo, considerava-se a pessoa mais sem valor do mundo. Não se respeitava mais. Assim, ele veio a mim:
— O que posso fazer? Como posso parar de fumar?
Eu lhe disse: 'Você tem que entender. Agora, fumar não é apenas uma questão de decisão. É algo que já entrou no seu mundo de hábitos, já se enraizou. Trinta anos é um longo tempo. Esse hábito tem raízes no seu corpo, na sua química, espalhou-se em você. Não é mais apenas uma questão de decidir com a cabeça: ela não pode fazer nada, é impotente. Você pode começar coisas, mas não pode pará-las facilmente. Trinta anos de prática de fumar! Já se tornou automática. Você tem que desautomatizar isso. É nisso que consiste toda a meditação: na desautomatização.
Faça uma coisa: esqueça tudo sobre parar de fumar. Não há necessidade. Por trinta anos, você fumou e viveu. É claro que foi um sofrimento, mas você se acostumou a ele também. E o que importa se você morrer algumas horas antes do que morreria sem fumar? O que você vai fazer aqui? O que você fez? Então, qual a importância de morrer na segunda, na terça ou no domingo, neste ou naquele ano? Que importa?'
Ele disse: 'Sim, isso é verdade, não importa'.
'Esqueça tudo sobre parar de fumar, não vamos parar, absolutamente. Ou melhor, vamos compreender isso. Assim, da próxima vez, faça do fumar uma meditação.'
Ele disse: 'Do fumar uma meditação?'
'Sim, se a pessoa zen pode fazer do beber chá uma meditação, uma cerimônia, por que não com o cigarro? Fumar também pode ser uma bela meditação.'
Ele ficou impressionado e falou: 'Uma meditação? Conte-me! Mal posso esperar'.
Então, dei a meditação para ele. 'Faça uma coisa: quando pegar o maço de cigarros de seu bolso, faça-o bem lentamente. Curta. Não há pressa. Fique consciente, alerta, atento. Pegue lentamente, com atenção total. Então, tire um cigarro do maço, devagar... Não da velha maneira apressada, inconsciente e mecânica. Depois, comece a bater o cigarro no maço, atentamente. Escute o som, como a pessoa zen faz quando o samovar começa a cantar e o chá começa a ferver... e o aroma... Então, cheire o cigarro e sinta a sua beleza...

O homem disse: 'O que você está dizendo? A beleza?...'
— Sim, ele é belo. O tabaco é tão divino quanto qualquer outra coisa. Cheire-o, é o cheiro de Deus.
O homem ficou um pouco surpreso. 'O quê? Você está brincando'.
'Não, não estou brincando. Mesmo quando brinco, não brinco. Sou muito sério.
Então, ponha o cigarro na boca, com toda a atenção e acenda-o. Curta cada ato, cada pequeno ato, e divida-o em muitos pequenos atos, para que você possa tornar-se o mais alerta possível.
Dê a primeira tragada: Deus em forma de fumaça. Os hindus dizem que comida é Deus. Por que não a fumaça? Tudo é Deus. Encha profundamente os seus pulmões. Depois, solte a fumaça, relaxe. Dê outra tragada, faça tudo bem devagar...
Se você puder fazer isso, ficará surpreso; logo verá toda a estupidez disso. Não porque os outros estão lhe dizendo que é estúpido, que é ruim. Você verá. Não apenas intelectualmente, mas a partir de seu ser total. Será uma visão da sua totalidade. E então um dia, se o vício desaparecer, desapareceu. Se continuar, continuou. Você não tem que se preocupar com isso.
Depois de três meses, o homem voltou e disse: 'ele desapareceu!...'
'Agora, tente isso com outras coisas também.'
Este é o segredo: desautomatizar. Andando, ande devagar, atentamente. Olhando, olhe cuidadosamente, e você verá que as árvores estão mais verdes do que nunca e as rosas estão mais rosas do que nunca. Escute, alguém está falando, sussurrando. Ouça atentamente. Deixe que toda a sua atividade de despertar torne-se desautomatizada."

5 — Álcool

O álcool degenera a raça humana. Todo mundo sabe de histórias tristes, dos transtornos que traz não só para o usuário como para todos os que lhe são próximos. Os malefícios são tão óbvios que relutei em escrever sobre esse item. Mas não se pode ignorar que muitas pessoas estressadas se apóiam nele, piorando ainda mais os problemas.

O álcool destrói as células e os filamentos do sistema nervoso. As atividades mentais, como inteligência, memória, ficam reduzidas, embotadas. Agressividade, delinqüência, insensatez, perda do senso moral, fraqueza de vontade, insônia são apenas detalhes em uma longa lista de sofrimentos. Além disso, o ébrio é sempre desagradável.

A pessoa que ingere álcool diariamente, mas nem por isso se considera alcoólatra, precisa ficar alerta. O vício chega de mansinho e se instala, sem que a pessoa se dê conta. Quando percebe, a situação já está complicada. É muito mais fácil prevenir, pois é sempre doído livrar-se desse mal depois de instalado. Tantas mortes cruéis, tantos *deliriuns tremens*, poderiam ser evitados.

É um absurdo que tantas residências tenham barzinho, sempre ocupando lugares de destaque, as taças mais lindas, as bebidas mais caras exibidas como peças artísticas, tudo muito chique. Um lugar para onde se leva os amigos, as visitas importantes, dando um belo exemplo para as crianças e para os adolescentes, que passam a ver o álcool como algo de muito valor para uma vida social agradável. Beber socialmente... Quanta tragédia tem aí as suas raízes!

6 — Açúcar

Balas, refrigerantes, chocolates, doces em geral são ótimos. Para o bolso de quem os produz, é claro. Para nossa saúde, são péssimos.

O açúcar e o álcool roubam nossas reservas de vitamina B. Isso pode conduzir a enfermidades nervosas, como irritabilidade, anemia, problemas cardíacos, problemas com músculos, etc... O equilíbrio entre o cálcio e o fósforo fica afetado. O comportamento hiperativo das crianças que não conseguem concentrar-se nas atividades diárias pode ser causado pela sua ingestão excessiva.

O problema não é o açúcar. É a quantidade dele. E quanto mais branco, mais refinado, pior. Está muito difícil encontrar alimentos que não o contenham entre seus ingredientes. Até os molhos, as massas salgadas, o pãozinho francês o contém nas suas receitas.

O ideal é substituí-lo pelo mel, rico em vitaminas que facilitam a sua absorção.

O Poder das Plantas

Plantas tranqüilizantes

São plantas com propriedades de sustar tensões e curar o esgotamento nervoso.

Mas é muito difícil falar só dessas propriedades, quando elas têm tantas outras e podem ser utilizadas em tantos outros casos. É importante que plantas tão fantásticas sejam mais conhecidas.

É necessário muito cuidado no manuseio de plantas. Elas costumam ter nomes diferentes, variando de uma região para outra, e isso pode trazer complicações sérias.

Ainda outro dia, alguém me perguntou por alguma planta indicada para gastrite. Entre outras coisas, disse-lhe que usasse folhas de bálsamo, amassadas com mel, em jejum, referindo-me a um pequenino arbusto de folhas gordinhas encontradas facilmente por aí. Então, ela me disse que tinha uma "arvrona" em sua casa... Por pouco não toma o remédio errado!

Antes de usar plantas medicinais, certifique-se. Procure livros especializados, com fotografias e descrições detalhadas, com nomes científicos, ou alguém que as conheça muito bem. Procure não misturar plantas a esmo, há combinações danosas. Não é verdade o que muitos dizem por aí: "chazinho, se não fizer bem, mal não faz". Com fitoterapia não se brinca.

Alguns exemplos:

1 — Hipéricum

Planta que não temos no Brasil. Muitos a confundem com erva-de-são-joão, mas não se trata da mesma; suas flores são amarelas. Aliás, são inúmeros os casos de pessoas mal informadas que, fazendo uso indiscriminado dessa erva para tratar de depressão, ganharam outros problemas sérios por serem sensíveis a pirostegina, substância tóxica presente nessa planta.

2 — Dente-de-leão — *Taraxacum officinale*

Tem as folhas radicais dispostas em rosetas. Algumas são recortadas, outras são lisas, outras, onduladas. O caule da flor amarela é reto e maior que a planta, deixando-a em destaque. As sementes ficam num lindo pompom que esvoaça com a brisa ou ao menor movimento. Toda a planta é curativa, mas a parte mais importante é a raiz. Pode ser usado na forma de salada, suco, chá, extrato, etc.

Tendo numerosas qualidades, o dente-de-leão é usado no tratamento de câncer, hemorróidas, fígado, rins, limpeza de sangue, hipertensão, colesterol e derrame. É um antiinflamatório muito bom.

Seu alto teor de potássio atua nas células nervosas. Sendo muito rico em vitamina A, é antiestressante, além de ser útil para a visão.

3 — Alecrim-de-jardim — *Rosmarinus officinalis*

É um arbusto aromático muito ramificado, de folhas verde-amareladas. Tem aspecto frágil e delicado.

Usado nas debilidades do coração, nos tratamentos de fígado, pâncreas, rins, intestinos, vias respiratórias, úlceras, quedas de cabelo. É carminativo, anti-reumático, emenagogo. Estimula o apetite e a circulação sangüínea. Tem aplicação nas dores de cabeça, de estômago, digestão difícil, vertigem, perda de memória. Devolve a vitalidade aos idosos.

4 — Chapéu-de-couro — *Echinodorus macrophyllus*

Possui folhas grandes e largas, formato de coração, com nervuras salientes. As dobras maiores são curvadas em forma de chapéu. As flores são brancas e os frutos, castanhos. Pode atingir um metro e meio de altura. É facilmente encontrada em brejos.

Reumatismo, artrite, gota, ácido úrico, hidropisia, nefrite, infecções das vias respiratórias, bócio, dermatoses, são muitas as aplicações. É um diurético fortíssimo e age como antiveneno por alcalóides; é antiofídico. Expele pedras dos rins.

O iodo contido em sua estrutura ajuda a tireóide a trabalhar perfeitamente. Essa glândula regula o metabolismo de todo o corpo, queima o excesso de gordura, promove o crescimento adequado e atua na síntese da proteína. É impossível ter um bom sistema nervoso se essa glândula for deficiente em suas funções.

5 — Hortelã — *Menta piperita*

É uma planta de folhas opostas, meio aveludadas, aromática. Existem muitas espécies.

Aplicações: ansiedade, insônia, sedativa para o sistema nervoso central. E mais: é antiespasmódica, anti-séptica, estomáquica, antiinflamatória, tônica, carminativa, expectorante, vermífuga. Náuseas, cálculos biliares, icterícia, enxaqueca, sinusite, aerofagia (arroto) e hepatite do tipo A são tratados com ela. Ajuda a aumentar a produção de leite materno, sendo um insubstituível remédio caseiro.

6 —Anis — *Pimpinella anisum* (erva-doce)

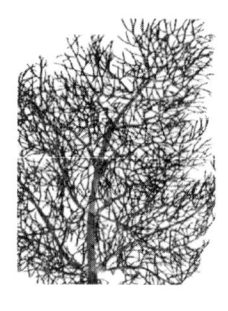

O anis tem haste reta, folhas alternadas verde-escuras, flores brancas e pequenas.

É usada como relaxante na excitação nervosa e na insônia. Também é indicada em caso de tosse crônica, gases, cólica de recém-nascidos, secreção insuficiente de leite materno, acidez estomacal. É expectorante e antídoto da nicotina. A erva-doce regula a menstruação, tonifica o estômago e limpa os intestinos.

7 — Artemísia — *Artemisia vulgaris*

Tem as folhas fendidas e grande quantidade de flores brancas. Parece com a losna, inclusive no cheiro.

Além de ser calmante, combate a histeria. Uma planta notável para tratar cólicas intestinais e menstruais, ausência de menstruação, gases, epilepsia, vermes, convulsões, febre e problemas de estômago e fígado. É tônica e depurativa.

8 — *Valeriana officinalis*

Essa renomada planta é de uso muito antigo. Dela se aproveita a raiz, que é muito perfumada.

Serve para inquietude, ansiedade, temores, frustrações, desequilíbrios, erros não compensados. Os sintomas colaterais típicos do temor ansioso consistem em espasmos nervosos no estômago, cefaléias e às vezes palpitações. A valeriana trabalha com o inconsciente, regulariza as impressões não compensadas, as experiências negativas. Diziam os antigos que ela é um remédio para quando a pessoa fica com a "cabeça virada", adaptando-se principalmente a indivíduos inflexíveis, muito racionais, muito lógicos. A valeriana não tem o efeito colateral de torpor, apresentado por outras plantas, deixando que haja o equilíbrio que a situação contingente exige. Ótima para antes de uma prova, por exemplo.

Se usada na forma de tintura, é preciso que junto se beba muita água, pois a valeriana tem a ação de contrair o estômago. Uma pessoa mais sensível poderá ter cãibras nesse órgão, se tomá-la sem água. Outro efeito colateral dessa raiz é a eructação logo após o uso.

Não se deve fazer uso dessa planta por muito tempo consecutivo; o melhor é não exceder três semanas.

9 — Tanchagem maior — *Plantago major*

Ramalhete com folhas ovais elípticas, de bordas levemente onduladas. Tem nervuras paralelas. Apresenta espigas com flores muito pequenas.

A lista de indicações é extensa: analgésica, antiinflamatória, expectorante, antipirética, depurativa, diurética. Utilizada para sinusite, bronquite, dermatite, psoríase, hemorróidas, fissuras de mama, acne, alergia, amigdalite, estomatite, faringite, furúnculo, varizes, feridas, queimaduras, tosse, asma, cistite, etc. Em caso de picada de aranha, cobra, mosquito, abelha e escorpião, essa planta adicionada à argila, em cataplasma, elimina a dor em pouco tempo. É excelente para o sistema nervoso.

10 — Sálvia — *Salvia officinalis*

De folhas verdes esbranquiçadas, flores violetas ou brancas, essa planta nunca cresce mais que uns cinqüenta centímetros.

Vem sendo usada com sucesso em casos depressivos e em pessoas com desequilíbrios neurovegetativos. Encontramos nela uma boa aliada contra melancolia e memória fraca.

Na medicina popular, a sálvia é usada no tratamento das diarréias, problemas gástricos, intestinais, reumatismos, diabetes, frigidez, vaginismo, problemas de pele, desequilíbrio hormonal feminino, febre, infecções degenerativas, estomatite, afta, gripe, resfriado, faringite, amigdalite, regulador de menstruação, transpiração excessiva, e é expectorante. Alivia dores reumáticas e menstruais, úlceras, asma, etc. É muito grande o número de enfermidades que podem ser tratadas com essa planta fabulosa. Um simples pezinho vale por uma farmácia inteira.

11 — Melissa — *Melissa officinalis* (erva-cidreira)

Há diferentes tipos de erva-cidreira: rasteira ou não, sempre com flores miudinhas, cor-de-rosa ou brancas e folhas alternadas e serreadas. São muito aromáticas.

O princípio ativo que se encontra no óleo essencial delas, o citral, é calmante poderoso. Ansiedade, histerismo, insônia; é excelente para diminuir a tensão nervosa.

Outras funções: arroto, amenorréia, disfunção gástrica, cãibras intestinais, debilidade geral, desmaios, palpitação, hipocondria, resfriado, tosse, má circulação de sangue, vertigens, cefaléia.

12 — Camomila — *Matricaria chamomila*

Planta com flores em cacho, amarelas no centro, brancas na periferia. Medindo geralmente até trinta centímetros, possui cheiro forte e agradável.

É calmante, excelente para pessoas irritadiças, nervosas. Neste caso, pode ser associada com canela em casca.

Possui muitas indicações terapêuticas: analgésica, digestiva, sudorífica, antiinflamatória, anti-reumática. Acalma a tensão da menopausa; tem ação sobre nevralgias, inflamações de pele, úlceras e hemorróidas. Abaixa febre. É excelente para pessoas recém-operadas, pois ajuda a eliminar excesso de gases.

13 — Gengibre — *Zinziber officinalis*

Planta muito ramosa, com raízes carnosas, inflorescências em espigas amarelo-esverdeadas. Pode ter até um metro de altura.

É antidepressiva. Câncer, hemorragia, reumatismo, ciática, tosse, hemorróidas, nevralgia, edema artrítico e bronquite são apenas alguns exemplos de uma longa lista. Mostra-se melhor que qualquer remédio alopático contra enjôos e náuseas, pois não possui o efeito colateral de dar sono no usuário. Facilita a digestão, é antiinflamatório, antibiótico, antiulcerativo. Age contra os radicais livres. Bloqueia a formação de gases intestinais.

14 — Alcachofra — *Cinara scolynus*

De caule alto e reto, folhas espinhosas, compridas e flor carnosa, dela aproveitamos tudo. As flores são comestíveis.

Excelente para o sistema nervoso central, devido à sua alta concentração de manganês. Protege o organismo contra a ação dos radicais livres. Limpa o sangue, ajuda no processo digestivo, é excelente para o aparelho reprodutor. Obesidade, diabetes, triglicérides, colesterol, ácido úrico, flatulência, gota, prisão de ventre são outras das suas utilidades.

15 — Alfavaca doce — *Ocimum basilicum*

Planta aromática que chega a ter dois metros de altura. Possui folhas ovais e pontiagudas, parecidas com as do manjericão.

Combate insônia e é sedativo nas crises nervosas. É usada também em afecções das vias respiratórias, diarréias e infecções nas vias urinárias, cólicas abdominais e flatulência. Aumenta a produção de leite materno. A folha macetada pode ser aplicada em seios gretados, normalizando-os em poucos dias.

16 — Capim-limão — *Cymbopogon citratus*

Folhas laminadas, compridas, brotam do chão em touceiras.

Além de antitérmica, antibacteriana, antiespasmódica, alivia a dor de cabeça, a tosse crônica e é um ótimo relaxante.

17 — Maracujá — *Passiflora incarnata*

Dela utilizam-se folhas e frutos.

Trepadeira com flores grandes, coloridas. As folhas são alternadas e grandes. Frutos amarelos quando maduros, redondos e saborosos. Há variedade com frutos doces e com frutos ácidos, servindo estes na fabricação de sucos.

Combate irritabilidade, insônia, excitação nervosa, desequilíbrio do sistema nervoso e estresse. É antiinflamatória, depurativa, vermífuga, antiespasmódica, antidesintérica. Perturbações da menopausa encontram alívio com o uso dela. Diminui a intensidade e a freqüência de crises epiléticas. Segundo pesquisas publicadas no *New England, Journal of Medicine*, diminui o risco de derrames cerebrais, por ter muito potássio. Estimula o sistema imunológico, aumentando a resistência às doenças. Excelente para usuários de álcool e outras drogas, para que suportem melhor o desejo de usá-las, eliminando a ansiedade que os acompanha.

18 — Catuaba — *Erythroxylum catuaba juniperus brasiliense*

Árvore frondosa, de flores pequenas e amarelas. Fruto oval, castanho. Muito comum no nordeste, norte, sudeste e centro-oeste do Brasil.

Dela usamos a casca, em decocção, para fortalecer o sistema nervoso.

Um chá precisa ser bem feito

... Para não perder suas propriedades curativas.

O primeiro cuidado está em colher a planta: folhas de manhã, assim que seca o orvalho, raízes à tarde. De preferência em dias não chuvosos. Há também outros fatores a serem considerados, como as luas certas, mas aí o assunto se estende, e não é o objetivo deste livro. Se a intenção é guardá-las, precisam ser secas na sombra, ao abrigo do pó. Depois, guardadas em lugares secos, escuros, em caixas ou vidros que não permitam a entrada de insetos.

Há várias maneiras de se preparar um chá: em todos os casos, use panelas tampadas, que não sejam de alumínio. Se não há utensílios de vidro, barro, ferro ou pedra que possam ir ao fogo, usa-se a panela de pressão. Tampe-a como uma panela comum, não usando a pressão.

O chá deve ser consumido no mesmo dia, pois fermenta depois de vinte e quatro horas, alterando o valor curativo. Não misture partes tenras e partes duras, pois o tempo de cozimento é diferente. É melhor tomá-lo ao natural, ou adoçado com mel, evitando o açúcar.

Folhas secas e pedaços de tronco ou raízes são colocados em água e fervidas por alguns minutos. Deixe que o chá descanse algum tempo, depois de ter apagado o fogo, para depois utilizá-lo.

Folhas frescas e flores, assim como talos e raízes picados bem miudinhos, podem ser colocadas em vasilha de louça, vidro ou ágata. Despeje água quente em cima. Abafe até amornar.

Pode-se também fazer uma maceração, colocando a planta em água fria por dez ou doze horas e só então fazer uso dela.

Geralmente, um adulto bebe de três a cinco xícaras por dia, sendo uma em jejum, outra na hora de dormir. Nunca durante as refeições.

Para que o organismo não se acostume com o medicamento e este deixe de fazer efeito, evite tomar por muito tempo o chá da mesma planta. Após uns dez dias de uso, dê um descanso, ou mude de erva, para não ter o efeito diminuído.

Se houver alguém habilitado para testar a quantia que o corpo pede, assim como as plantas preferidas por ele, como fazem em algumas tribos de índios, tanto melhor. Esse é o método que prefiro. Conhecido como Método de Diagnóstico Bioenergético, esse teste vem sendo difundido pelas Pastorais da Saúde da Igreja Católica. Quando bem feito, é muito eficiente.

Há curadores indígenas que usam a palma da mão do paciente para definir a quantidade de plantas secas que seu corpo pede. Eles agem assim: mão aberta, fazem uma cruz imaginária na palma do paciente (não incluindo dedos), dividindo-a em quatro partes iguais. A quantidade de planta que couber em uma das quatro partes é a quantidade receitada. Mais que isso é considerado excesso, que serve apenas para sobrecarregar o organismo, não servindo para a cura. É preciso observar que o uso de grandes quantidades de planta, assim como a mistura de muitos tipos diferentes, pode fazer mal, ao invés de bem.

Há outras formas de utilizar as plantas, como em sucos, saladas, ou extratos alcoólicos, como nesta receita caseira:

Extrato de flor de laranjeira

Quando chega a florada dos cítricos, um delicioso perfume se espalha no ar. Só de respirá-lo, nós nos sentimos mais calmos.

Procure um pé de laranja-cavalo, daqueles nativos, sem enxertia, cujos frutos nos dão as cascas que são usadas para fazer doce. Colha um punhado de flores, com cuidado.

Coloque-as em um vidro esterilizado (fervido e seco). Cubra com álcool de cereais, à venda em farmácias, ou vodca de boa qualidade, até mais ou menos um centímetro acima delas. Tampe muito bem e deixe em repouso por três luas, em lugar escuro.

É preferível vedar a tampa com parafina aquecida, para impedir a entrada de corpos estranhos, e enterrar o vidro em terra limpa, num canteiro de flores especialmente designado para isso, para que absorva a energia da terra e para que se mantenha na temperatura ideal. Após esse tempo, está pronto para o uso. Lava-se bem o vidro antes de abrir. Guarde em lugar seco, limpo e escuro.

Algumas gotinhas em água, tomadas antes de dormir, trazem um sono profundo. É também um ótimo calmante para as horas de tensão, sem efeitos colaterais.

Antes de enfrentar uma situação estressante, faça uso aromaterápico, pincelando o nariz com esse extrato. O simples aroma já relaxa.

Um chazinho de ouro, por que não?

Ouro mesmo. É possível que tenha em sua casa uma aliança, uma corrente, uma pulseira, qualquer coisa feita de ouro legítimo, sem pedrarias. Poderá usá-lo. O ideal seria uma barrinha de ouro puro.

Uma forma de utilizá-lo é colocando-o em um copo de água mineral, portanto sem cloro, e guardando-o tampado, ao abrigo da luz. O recipiente deverá ser de vidro. Uma forma prática é colocá-lo em um vidro, desses que usamos para conservas, embrulhado em papel escuro, como um saquinho de papel, usados nas padarias, para mantê-lo protegido. Lave a jóia ou ferva-a, antes de começar a usá-la com essa finalidade. Vá bebendo aos poucos dessa água, repondo sempre a quantidade retirada, para que o copo se mantenha cheio.

Uma outra maneira é fazer um chá com a peça de ouro, seguindo as mesmas regras descritas no caso anterior.

Use-o para diminuir a ansiedade e melhorar o desempenho mental.

O ouro metálico tem sido usado através dos tempos, por vários povos, com finalidades terapêuticas. Há relatos de sua utilização no Egito Antigo, na Arábia, na Índia e na China. Paracelso, um dos maiores alquimistas conhecidos, usava-o em seus remédios.

> "O ouro é usado nos casos de não coordenação glandular e nervosa. Ajuda a rejuvenescer as glândulas, estimula os nervos e o abaixamento da pressão nervosa.
>
> O mecanismo de calor do corpo pode ser efetuado positivamente por ouro, particularmente nos casos de frios, *flash* quentes e suores noturnos.
>
> Usado diariamente com prata coloidal, o ouro coloidal pode apoiar o sistema de defesa natural de nossos corpos contra doenças e ajuda a promover a vitalidade.
>
> Como uma poção mental e emocional, o ouro coloidal pode tomar o lugar de drogas psicotrópicas e outros antidepressivos. Ajuda os viciados a se livrarem de drogas pesadas como cocaína e heroína.
>
> Pode ajudar o livre-arbítrio de uma pessoa para parar de fumar, beber e superalimentar-se."

(*Ouro Coloidal, a Maravilha do Terceiro Milênio*, Paul L. Laussac.)

"O ouro reduz a dor e o desconforto em câncer inoperável, reduzindo a necessidade de opiácidos (narcóticos); prolonga a vida e faz a vida muito mais suportável, tanto para os pacientes como para as pessoas que lidam com eles, pois encurta o período de cochexia."
(*Clinic, Medicine E Surgery*, Edward H. Ochsner, cirurgião do Hospital de Augustana, Chicago.)

O ouro coloidal vem se mostrando excelente no tratamento de artrite reumatóide e reumatismo, diminuindo ou eliminando a dor e o inchaço das juntas.

Obviamente, esses últimos parágrafos estão fora do contexto do livro, mas resolvi inseri-los porque esses conhecimentos magníficos são pouco divulgados.

Banhos terapêuticos

Conhecidos desde a antiguidade, esses recursos são muito usados para combater enfermidades e fortalecer o sistema nervoso. Diferentes dos banhos comuns, esses exercícios hidroterápicos mostram-se muito eficientes, desde que sejam obedecidas algumas regrinhas:

1) O corpo precisa estar aquecido antes da aplicação. Para chegar ao aquecimento, pode-se fazer exercícios físicos, fricções com as mãos ou com lã, ou exposição ao sol.

2) Quando acabar a aplicação, é necessário que se restabeleça o aquecimento do corpo. Exercícios moderados como andar e varrer são de grande utilidade, assim como um banho de sol. Se a pessoa não pode executá-los, precisa voltar a deitar-se, envolta em cobertores bem ajustados ao corpo, para impedir a entrada de ar frio.

3) A aplicação é feita com o estômago vazio. A pessoa volta a alimentar-se apenas depois que se tiver recuperado do banho. Nunca em seguida. De preferência, uma hora antes da refeição, ou três depois.

4) Mulheres devem evitar esses banhos durante a menstruação.

5) Evitar correntes de ar no ambiente durante o tratamento. O quarto deve estar aquecido. No inverno, se não há um aquecedor disponível, pode-se colocar fogo numa bacia de alumínio ou fôrma de bolo que contenha álcool, cuidadosamente.

6) Não fazer um banho seguido de outro. É preciso dar um tempo para que o corpo volte à normalidade.

7) Num tratamento com água fria, ela deve estar realmente fria; quanto mais, melhor, para contrastar com o corpo quente. Se ela não está no ponto ideal, acrescentam-se pedras de gelo.
8) As aplicações com água fria devem ser rápidas. No máximo, cinco minutos.
9) Os benefícios são maiores quando não se enxuga o corpo, após a aplicação, com exceção das dobras da pele.

Banho vital

Segundo Louis Kuhne, célebre naturista, somente através das partes sexuais se pode influir em todo o sistema nervoso do organismo, pois os principais nervos do baixo ventre constituem as extremidades de muitos nervos da medula espinhal e do nervo simpático. Com suas conecções com o cérebro, influem em todo o sistema nervoso.

O banho vital é um tratamento de pura força; é um tônico para o sistema nervoso.

Consiste em um banho de assento, com fricção, que refresca o interior do corpo, tirando o calor excessivo que acompanha quase todo estado morboso, e esquenta a pele, muito fria, nos doentes crônicos, normalizando as temperaturas e detendo a fermentação de substâncias estranhas.

Reanimando-se a força vital do corpo, melhora-se a digestão, num prazo curto, assim como a atividade dos rins.

Abaixando a temperatura interna, afasta-se a possibilidade do desenvolvimento das doenças, eliminando-se pelos órgãos excretores naturais as substâncias estranhas depositadas no corpo, que para eles se encaminham pela força do banho.

O banhista senta-se no seco, o corpo não fica em contato com a água. Isso é possível colocando-se uma tábua sobre o bidê, ou um banquinho dentro de uma bacia grande. Água corrente também serve, e é até melhor.

Excluindo a parte que será tratada, todo o resto do corpo deverá estar bem agasalhado, usando para isso meias e blusa quentes, e até uma manta sobre as costas, se for necessário.

Com um pano de linho ou algodão, bastante embebido na água, lava-se suavemente as partes genitais.

A água deve ser abundante, para que não se aqueça, perdendo a utilidade. De trinta a quarenta litros. Quanto mais fria, melhor.

A mulher lava apenas as partes externas. O homem fricciona a ponta do prepúcio, mantendo-o abaixado, de modo que a glande fique coberta. É preciso que todo o membro fique mergulhado na água. Se a pessoa tem inflamações internas, em estado crônico e latente, poderá ter essa inflamação aguçada. Ela abaixará rapidamente, a partir do primeiro banho, podendo apresentar-se nas regiões em que se aplica o banho, ou mediações. Isso é um sintoma feliz e não um motivo para que se interrompa o tratamento.

O efeito desse banho varia de pessoa para pessoa, de acordo com a quantidade de energia vital que ela possui. Nem todos serão curados por esse meio, pois, se não há forças no corpo, se os órgãos estão destruídos em grande parte, não é possível a cura total. Mas sempre ocorre uma grande melhora e é um grande alívio para todas as dores.

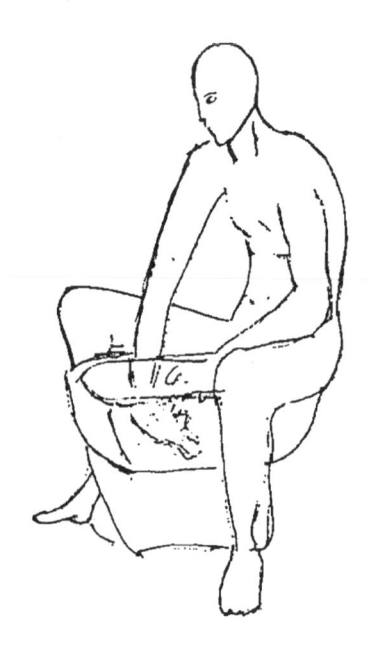

Banho de toalha

Após o aquecimento do corpo, o que sempre é muito importante, passa-se uma toalha, molhada em água bem fria, por toda a superfície do corpo. Antes, aperta-se um pouco a toalha, para eliminar o excesso de líquido. Não é preciso que fique ensopada.

Essa toalha é dobrada em oito partes e vai se desdobrando durante o banho, de modo que sempre é um pedaço limpo que se passa sobre a pele. Ela só é molhada uma vez, antes do tratamento.

Essa fricção pode ser dada em pé. A pessoa voltará para a cama, que já deve estar pronta, sem se secar. Ou se vestirá rapidamente, fazendo exercícios físicos para se aquecer.

O banho começa pela FRENTE DO CORPO, sempre na seguinte ordem, para que o coração não seja violentado, indo:

1) Do pescoço ao pé direito.
2) Do pescoço ao pé esquerdo.
3) Do pescoço até entre as pernas.

Lados do corpo:

4) Desce pelo pescoço, passa por cima e por baixo do braço direito, seguindo pelas laterais até os lados dos pés.
5) A mesma coisa, agora pelo lado esquerdo.

Costas:

6) Desce da nuca até o calcanhar direito e sola do pé.
7) Desce da nuca até o calcanhar esquerdo e sola do pé.
8) Desce da nuca, pelo centro do corpo, por toda a coluna vertebral.

Observa-se que são oito as dobras da toalha, e oito caminhos a serem percorridos, sendo uma parte de toalha para cada um deles. Assim, o pano que percorrerá a pele estará limpo. Lava-se a toalha após o tratamento, pois ela estará carregada de toxinas, não servindo mais para uma segunda aplicação.

Esse banho desperta as defesas naturais do organismo, favorece as eliminações, ativando os rins, pele, pulmões e intestinos. Tira a febre das vísceras, acalma a excitação nervosa e traz um sono tranqüilo. Normaliza a circulação sangüínea e ativa a função digestiva. São muito bons em doenças agudas.

Padre Tadeo, um dos grandes nomes da arte de curar, dizia que nada de melhor poderia ser feito por um doente do que lhe dar essas fricções de água fria.

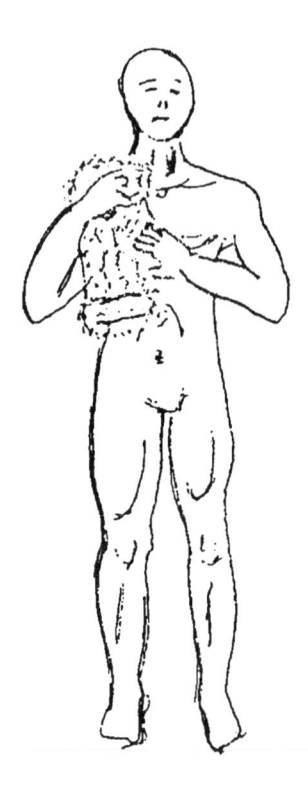

Banho de cachoeira

Esses banhos ao ar livre, com água corrente, desbloqueiam o indivíduo. Mais que lavar o corpo é "lavar a alma, a consciência", abrindo caminhos para o mundo interior.

Os efeitos são prolongados. Não há tristeza nem tensão nervosa que resista a esse tratamento.

As águas rolantes trazem o calor das entranhas da terra. Mesmo frias, aquecem o organismo e energizam-no.

Andar descalço sobre suas pedras é uma ótima forma de se conquistar e manter o equilíbrio no dia a dia. Aproveita-se a oportunidade para deixar as energias que não interessam mais se descarregarem pelo cóccix, em contato com as pedras, a terra, a água, sentando relaxadamente. Encostar o umbigo numa grande pedra, como se estivesse abraçando o planeta Terra, o corpo todo solto e mole... Relaxar a coluna vertebral, abandonando-a, como um paninho velho e mole, sentindo na espinha o calor do sol armazenado nas pedras... Concentrar-se no aqui e agora, totalmente no presente, sentindo a brisa, os aromas, os diferentes murmúrios das águas, a presença dos insetos, dos passarinhos, que certamente estarão por perto...

O silêncio é um grande aliado. Essa é uma terapia que não tem preço.

Insônia

Dormir é dar ao corpo a oportunidade de recuperar o desgaste. A falta de sono de vez em quando é normal, o problema começa quando se torna crônica.

Há plantas medicinais, na forma de chás ou sucos, que colaboram incrivelmente para a melhora desse quadro: folhas ou frutos de maracujá, pitanga, camomila, poejo, hortelã, erva-cidreira, melissa, raiz de alface, raiz de valeriana, etc.

Um copo de água quente com limão, adoçado com mel ou algumas gotas do extrato de flores de laranjeira (ver no índice), costuma dar bons resultados.

Outros cuidados precisam ser tomados, como observar o estado em que se encontra o colchão, a altura do travesseiro, se há penumbra, boa ventilação. Levantar-se bem cedinho, não importando a hora em que conseguiu conciliar o sono.

Procure alinhar-se com a força eletromagnética do Planeta, mantendo a cabeça voltada para o norte. Na ausência da bússola, estenda o seu braço direito na direção em que o sol nasce. É o leste. À frente de seu corpo está o norte. Isso é muito importante, é como remar a favor da correnteza.

Um som relaxante, baixinho, também pode ajudar. Imagine-se em um lugar muito agradável. Faça algum tipo de exercício diariamente, como caminhada, dança, natação, ioga, Tai-chi-chuan, etc.

Tente descobrir a causa da insônia. Pode ser que se tenha afastado demais da mãe-natureza.

"... Permiti que o anjo do ar
abrace
o vosso corpo inteiro.
Depois, respirai longa e profundamente.
Em verdade vos digo
que o anjo do ar
eliminará
todas as impurezas
do vosso corpo.
Tudo tem de renascer
por meio do ar."

Evangelho da paz, dos Essênios

Respiração

A respiração é um fato tão simples, parece tão natural e fácil, que nem damos muita importância a ela. No entanto, a sabedoria oriental apregoa que quanto mais lenta a respiração, mais a pessoa vive.

A chave dos exercícios é a respiração. Para que esta seja prolongada e profunda, inspire empurrando o ar para a parte inferior dos pulmões, distendendo a área abdominal, enquanto o ar entra. Depois, empurre a barriga para dentro e levante um pouco o peito. Então exale, soltando o ar primeiro do peito e depois do abdome, puxando a barriga fortemente para dentro, como querendo colar o umbigo na coluna vertebral. É fácil: ar para dentro, barriga para fora. Ar para fora, barriga para dentro.

Manter a respiração profunda e constante requer consciência de si mesmo, muita concentração. É preciso perseverança para adquirir esse hábito.

Um detalhe importante: não é função das narinas "puxar" o ar. Essa tarefa deve ser executada lá onde termina o nariz e começa a garganta. É aí que se encontra a "bombinha" de sugar o ar. A função da narina é aquecer, umedecer e filtrar. Experimente respirar usando esse dispositivo. O som fica diferente, a quantidade absorvida é muito maior, a respiração se aprofunda, fica longa.

Geralmente, a nossa respiração é superficial, sem utilizar bem os pulmões. A maioria das pessoas usa apenas cerca de dez por cento da sua capacidade. Recebendo uma provisão tão pequena de oxigênio, o corpo se intoxica, ficando com menos resistência ao estresse.

Daí vem a tensão crônica, a debilidade dos nervos. Quando ficamos estressados, esquecemo-nos de como respirar. A respiração curta cria mais tensão para o corpo e envia sinais de estresse para o sistema nervoso central. O estresse prolongado provoca padrões de respiração não saudáveis, cronicamente superficial e rápida.

Através da combinação de uma respiração consciente com um movimento de alongamento, podemos desenvolver uma melhor concentração e acalmar o sistema nervoso. Ela pode atuar como um detector de tensão. Quando notar que está curta e fraca, vai perceber que está na hora de usar técnicas de respiração. Com isso, neutralizará a fadiga física e mental em pouco tempo, garantindo a estabilidade emocional que o auxiliará a navegar pela ansiedade dos relacionamentos, mudando seu estilo de vida.

O ar é o mais importante dos nossos alimentos. Podemos ficar dias sem comida, sem água, mas sem ar é impossível sobreviver por muito tempo. É a respiração que nos mantém vivos. Os pulmões são os maiores órgãos de nosso corpo. O sistema respiratório provê-nos de oxigênio, remove o dióxido de carbono e regula o pH (acidez, alcalinidade), que afeta diretamente a nossa capacidade de enfrentar o estresse. O ritmo da respiração está intimamente ligado com o estado emocional; são inseparáveis. Observe-se em um momento de alerta como a respiração fica rápida e curta, o coração acelerado. Mãos e pés frios, fadiga, falta de clareza mental podem ocorrer por falta de oxigênio na quantidade necessária para levar embora a matéria tóxica produzida pelo metabolismo celular. Assim como as emoções alteram o jeito de respirar, nosso estado mental pode ser mudado através da respiração. E assim nos sentimos calmos, em equilíbrio.

Respirar profundamente é viver, é ter vitalidade, saúde, calma, clareza mental, capacidade para enfrentar o estresse diário. Com respiração profunda e consciente, é possível adquirir tudo isso. Quanto mais lenta ela é, mais controle temos de nós mesmos.

Em épocas de desgaste emocional, a respiração pode ser um poderoso tranqüilizador. Seu corpo reflete suas emoções e vice-versa. Se conseguir uma sensação de paz em seu corpo, com respiração lenta e profunda, as emoções se acalmarão. Mais oxigênio será levado ao cérebro para ajudar a mente a funcionar melhor. Uma mente calma ajuda um espírito desequilibrado.

Assumir o controle da respiração traz mudanças revolucionárias ao organismo. A mente segue a respiração. O corpo segue a mente. "Se está distraído, aprenda a estar atento à respiração."

Budha

Respiração lenta e profunda, a grande solução

Podemos utilizar a respiração profunda, consciente e vagarosa para acionar o sistema nervoso parassimpático. Geralmente, as pessoas tentam aprofundar a respiração com intensidade, forçando muito os pulmões de uma só vez para dentro. Isso não ajuda, e os pulmões irão expelir o ar tão rapidamente quanto ele entrou, sem aproveitá-lo.

É preciso ir com calma, para respirar completamente. Inspirar vagarosa e continuamente, até os pulmões ficarem plenos de ar. Expirar ainda mais devagar, até esvaziá-lo.

Os pulmões possuem milhões de "sacolinhas de ar", os alvéolos, que só ficam plenos se o ar entrar lentamente. Se a respiração é superficial, enchemos apenas a parte superior dos alvéolos. A troca de oxigênio por dióxido de carbono dá-se na parte inferior deles. Essa atividade fica prejudicada com a respiração rápida.

Todas as células dependem de oxigênio e retiram-no do sangue. Este vai para os pulmões esvaziados de oxigênio e lá pega uma nova carga, após expelir o dióxido de carbono que levava. Portanto, expirar é tão importante quanto inspirar. É necessário esvaziar os pulmões de dióxido, para que o ar puro possa entrar.

Este exercício vai ajudá-lo a aprofundar a respiração. Fique numa posição relaxada, com todos os membros descansando, os olhos fechados. Esvazie os pulmões completamente. Você vai sentir o diafragma indo para dentro e para fora quando fizer isso. Então, comece a inspirar vagarosamente pelo nariz, enchendo gradualmente os pulmões. Tente sentir isso acontecendo. Imagine os alvéolos se inflando, como minúsculos balões. A caixa torácica vai se expandindo. O diafragma será pressionado para baixo, quando os pulmões aumentarem de volume. Quando sentir que os pulmões chegaram à capacidade máxima, prenda a respiração e espere um pouquinho antes de exalar completamente. Vazio, fique sem ar algum, pelo tempo que for possível, recomeçando em seguida.

Após alguns minutos, vai perceber que o pulso desacelerou, pois o corpo associa respiração lenta com ritmo cardíaco lento. E também porque o sangue com pouco oxigênio força o coração a trabalhar mais depressa. O sangue enriquecido de oxigênio torna o trabalho do coração mais fácil. Respirando profundamente, fortalecemos os tecidos do coração, pulmões e vasos sangüíneos, assim como os músculos do tórax e do abdome. A ansiedade deixa-os rígidos. A respiração permite-lhes relaxamento. Essas áreas correspondem à estimulação do sistema nervoso simpático.

Para que esse exercício fique ainda mais eficaz, proceda da mesma maneira. Quando estiver pleno de ar, empurre a barriga para fora e encolha o peito. Depois faça o contrário empurrando a barriga para dentro e o peito para fora. Repita várias vezes. Então, expire lentamente, para recomeçar.

A respiração pode ser combinada com afirmações positivas, trazendo efeitos ainda melhores. Declare a si próprio que, ao inspirar, está trazendo para o seu corpo e espírito os sentimentos que deseja possuir e que, ao expirar, está exalando coisas que não quer mais na sua vida. Inspire clareza, expire confusão. Inspire calma, exale ansiedade.

Após alguns minutos respirando conscientemente dessa forma, sentirá os músculos mais relaxados, principalmente as costas e os ombros.

Respiração de limpeza

O nome já diz sua função. Use e abuse dela, sempre que sentir necessidade, livrando-se de toxinas físicas e mentais. Ela melhora a circulação e o humor, dando ainda mais clareza e vigor. Essa modalidade, também chamada respiração do assobio, ativa as glândulas superiores do corpo, como a tireóide e a paratireóide, que tanto têm a ver com o nosso sistema nervoso. É uma das modalidades de respiração mais usadas pelos iogues.

Inspire longa e profundamente pelas narinas, mantendo a coluna bem reta. Exale pela boca, em atitude de assobio (os lábios um pouco franzidos, sem encher as bochechas), de uma vez só, como se quisesse apagar uma vela que está distante.

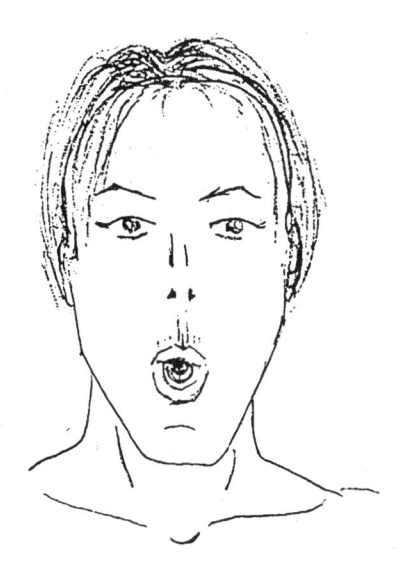

Respiração pela narina esquerda

A narina esquerda controla as emoções, enquanto a direita regula níveis de energia. O bom funcionamento de ambas mantém a energia em equilíbrio. Elas têm funções opostas. A Ioga ensina que a esquerda esfria o corpo enquanto a direita esquenta-o. Quando estamos cansados, respirar longa e profundamente com a narina direita dá-nos uma energia extra, e nós ficamos com mais vitalidade e mais rapidez de raciocínio. Já, respirando com a narina esquerda, conquistamos a calma, se estamos nervosos. É desta que vamos falar a seguir.

O melhor horário para praticá-la é antes de dormir. Ela tem o poder de limpar a mente e proporcionar sono profundo.

Sentado, com a coluna reta, a cabeça no prolongamento do corpo, a mão esquerda relaxada sobre o joelho e o indicador direito bloqueando a narina direita, mantenha os olhos fechados, se possível centrados no terceiro olho, que fica no meio da testa, entre as sobrancelhas, meio centímetro acima. Com os olhos fechados, você fica atento nesse ponto.

Inspire calma e profundamente, com a narina esquerda. Relaxe o abdome levando o ar até a parte baixa dos pulmões. Mantenha a respiração presa pelo mesmo período de tempo que levou para inspirar. Exale completamente usando a mesma narina. Fique assim de três a onze minutos.

Se aparecer tontura durante o exercício, pare por uns momentos e recomece quando ela passar. Às vezes, o corpo começa a tremer por causa da grande quantidade de energia a circular nos canais nervosos.

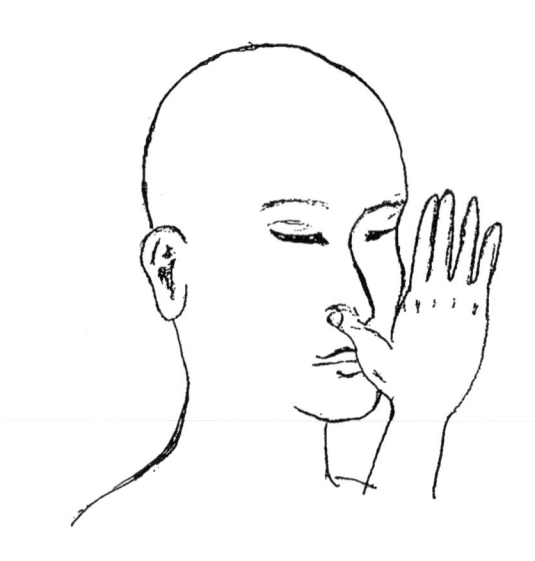

Respiração interrompida em quatro tempos

Sentado, com a coluna reta, a cabeça no prolongamento do corpo e as mãos relaxadas sobre os joelhos, feche os olhos e inale profundamente pelo nariz, dividindo a entrada de ar em quatro etapas iguais. Cada uma é uma "fungada". Exale de uma vez, pelas narinas.

Continue nesse ritmo por uns três minutos. Se achar muito tempo, comece com um minuto, até se acostumar, e vá aumentando devagarinho.

Finalizando, relaxe com os olhos fechados, até que a respiração se normalize. Você se sentirá ligeiro, energizado. Essa respiração favorece a autocura e interrompe a depressão.

"Ao respirar, a pausa é importante. Na pausa acontece o verdadeiro."

Robert Walser

Respiração do fole (fogo)

Inspire e expire pelo nariz, de maneira audível, com vigor, como se quisesse acender uma fogueira com a ajuda de um fole. Mantenha a boca fechada, pois o fluxo de ar restrito às narinas previne a hiperventilação. Ela é rápida, contínua, poderosa. Não há pausas. Mantenha a coluna reta e fique centrado.

O foco de energia está no umbigo; os músculos usados são os abdominais. O resto do corpo permanece imóvel, ou quase, relaxado. Observe isso. Inicialmente, a tendência é envolver mais grupos de músculos que o necessário. Relaxe a tensão que esteja na face, pernas, ombros, peito. O ar é empurrado para fora, enquanto o umbigo é projetado para dentro, como se quisesse colar na coluna vertebral. Você precisa sentir o puxar dos músculos na área do umbigo. A barriga relaxa enquanto inspira, sem esforço.

No início, você se sentirá cansado, com a respiração descoordenada. Se mantiver a prática, ficará muito fácil. Mas vá devagarinho, aumentando gradualmente o tempo de execução. No começo, faça essa modalidade de respiração por apenas um minuto, ou até menos, nunca mais que isso. Com o tempo, poderá fazê-la por vinte minutos, sem tontura, sem grandes desequilíbrios de oxigênio.

A respiração de fogo limpa o sangue, soltando os resíduos tóxicos dos pulmões, se praticada corretamente. Uma pessoa com os nervos abalados, um atleta que precisa de muita resistência, portadores de bursite, artrite, problemas circulatórios se beneficiam com essa modalidade de respiração. Ela causa uma imediata desintoxicação no corpo. Velhas toxinas, restos de drogas e cigarros são liberados dos pulmões, da linha mucosa, dos vasos sangüíneos e das células através do sangue e do sistema linfático. A capacidade pulmonar ficará expandida em pouco tempo.

Como resultado dessa limpeza, poderá surgir a sensação de cabeça leve ou ficar enjoado. Basta relaxar para voltar ao normal. Se isso ocorrer, beba água pura em abundância, uns dois litros ao dia, e faça uma alimentação desintoxicante pelo menos por algum tempo, comendo mais legumes, verduras, frutas, nozes, arroz integral, que ajudam na limpeza do corpo. Observe se está se exercitando o suficiente ou se está muito sedentário.

Por ser muito enérgica, essa respiração é considerada inapropriada para pessoas com deficiência cardíaca e mulheres grávidas ou que estejam menstruando.

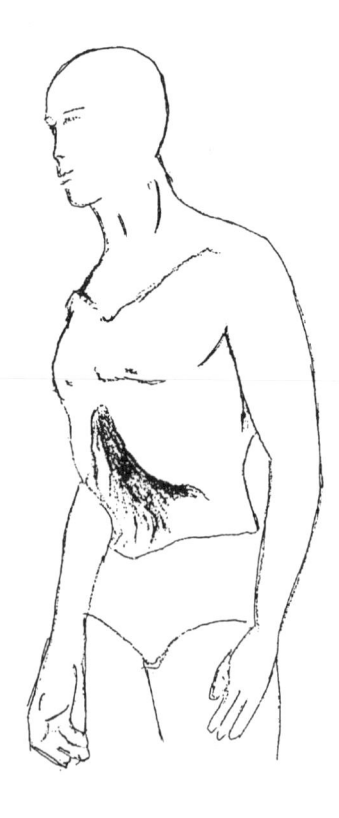

Respiração da bomba de barriga

Inspire até a última "gota". Exale. Com a respiração suspensa, retraia e expanda o abdome, alternadamente, durante quanto tempo puder. Portanto, o bombeamento acontece enquanto os pulmões estão vazios.

Repita outras vezes. Finalizando, expire livremente, imaginando-se como uma comporta aberta, onde o ar entrará com toda a força.

Além de beneficiar o sistema nervoso, esse exercício ajuda a fortalecer a musculatura da barriga, impedindo a caída dos órgãos. Tira gordura dos intestinos e melhora o centro de força do indivíduo.

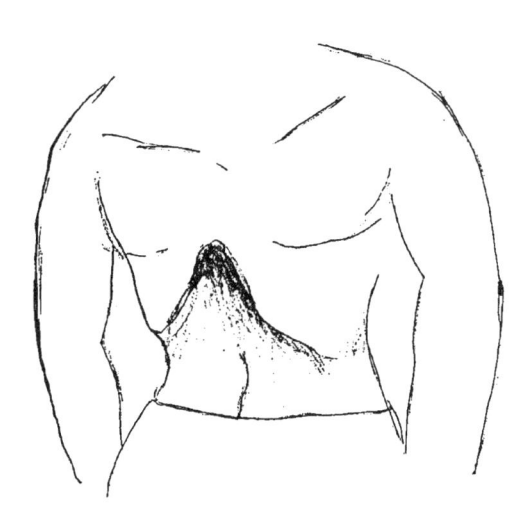

Respiração do silêncio

O ideal é fazê-la em um espaço silencioso, sem a mínima chance de ser incomodado, se possível junto à natureza.

Esse exercício traz serenidade psíquica e bem-estar físico. Promove a calma interior em meio à agitação do ambiente.

Sentado ou deitado, deixe que o corpo e o coração se aquietem, com respiração serena, profunda e lenta. Olhos fechados, atenção na base do nariz. A respiração vai ficando cada vez mais leve, mais longa. Concentre-se no silêncio, na inatividade, até sentir o corpo começando a vibrar suavemente. Sinta no baixo ventre um calor gostoso que se estende até as plantas dos pés, circulando depois pelo corpo inteiro.

Sinta que seu corpo se expande... se expande... se expande... indefinidamente, preenchendo todo o universo. Cresça além de todos os limites, experimente o silêncio completo, sentindo-se aconchegado no grande fluxo cósmico.

Respiração sitale

Sentado em postura confortável, com a coluna reta, enrole a língua, formando uma calha em forma de U, estendendo-a um pouco para fora dos lábios.

Inspire suave e profundamente, puxando o ar para dentro da boca através da língua enrolada. Exale pelo nariz. Faça com que a expiração saia longa e pesada.

Mentalize que está num Templo Dourado, recebendo uma corrente de vibrações curativas.

Continue respirando com ritmo por dois minutos.

Essa respiração elimina raiva ou desânimo. É ótima para pessoas temperamentais. Se a boca ficar amarga é porque seu corpo liberou, com essa respiração, toxinas que estavam acumuladas. Também é usada para abaixar a febre e a pressão arterial e tratar de indigestão alimentar.

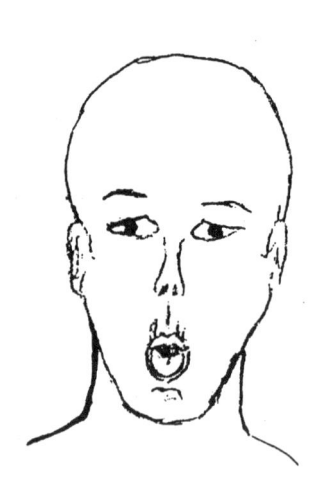

Respiração do pentagrama

O pentagrama é um símbolo muito usado na Sabedoria Oculta. Essa respiração amplia a consciência, trabalha a angústia, a falta de confiança em si mesmo, a força de vontade e elimina estresse. Faz com que fique mais equilibrado, sentindo-se mais protegido, pois a aura ficará ampliada. Ajuda a mandar os medos infundados embora e a se tornar mais vitalizado.

Deite-se com braços e pernas bem abertos, imaginando que está encaixado num pentagrama, cujas pontas são: as pontas dos seus pés, o topo da cabeça e as pontas dos dedos das mãos. Sinta que é um círculo. Centre-se na respiração, deixando-se encher completamente de ar. Ao exalar, imagine-se expandindo junto com o pentagrama, preenchendo todo o recinto, indo além dele. Fique grande como um gigante. Sinta as unhas grandes, orelhas enormes, umbigo, pelinhos, olhos, cada poro da pele, tudo muito, muito ampliado. Maior que uma montanha.

Depois de algum tempo, sinta-se no tamanho normal e desmanche a posição do corpo. Pense: "Eu sou um pentagrama".

Respiração para carregar os nervos

Contra-indicada para pessoas hipertensas e cardíacas, é muito boa para os débeis, neurastênicos e desanimados. Excelente nas situações depressivas, ela vitaliza o corpo, desenvolve os músculos dos braços e fortalece o sistema imunológico.

De pé, pernas quase unidas, coluna reta e o pescoço alinhado com ela, tenha os braços relaxados ao longo do corpo. Os olhos permanecem cerrados ou quase. Pulmões vazios. Agora, vá erguendo os braços, palmas das mãos para baixo, enquanto inspira profundamente, até atingir a altura dos ombros, onde a inspiração termina.

Retendo o ar, as palmas para cima, feche os punhos e flexione os braços, trazendo lentamente as mãos até os ombros. Novamente os esticando, volte ao ponto de partida. É preciso que os cotovelos se mantenham o tempo todo à altura dos ombros. Os movimentos devem ser lentos e enérgicos, a ponto de fazer o corpo tremer de esforço. Como se estivesse carregando um peso de cinco, dez quilos em cada mão.

Só então deixe os braços caírem molemente, enquanto expira. Relaxe e recomece assim que não se sentir fatigado, quando a respiração já estiver normalizada.

Imagina agora
que és uma águia
naquela rocha.
Aspira o ar!
Respira como nunca antes
respiraste.

Deixa que o vento te respire!
Sente como o vento
sopra atravessando o teu corpo,
todos os músculos
e fibras,
atravessando as veias
e permeando os átomos.

Reshad Feild

A Influência dos Sons

Mantras: remédio em forma de som

Mantra é uma seqüência de sons, elaborados com a finalidade de dirigir a mente. Ele filtra o pensamento de tal forma que este passa a ter uma resolução positiva. Tocando a alma, melhora o corpo e abre caminhos. Cada qual com suas qualidades e efeitos. Revelados por antigos sábios orientais, os mantras têm o poder de ativar os vórtices de energia do homem, os chacras, criando estados alterados de consciência. É uma linguagem sagrada. Esses instrumentos transformadores não pertencem a nenhuma religião e são, sem dúvida, herança da espécie humana. Apenas precisamos nos instruir na forma de usá-los apropriadamente.

Mantra é um som preciso. É a tecla exata que se toca para telegrafar sua mensagem ao infinito. Seu sistema interno vibra com esse som. E fica ainda mais potencializado quando se entoa com o coração, como se este cantasse. Nesse caso, você torna-se uno com o som interior e vai para níveis de consciência cada vez mais profundos, mais sutis.

Há milênios, os orientais conhecem o poder vibratório dos sons e aplicam-nos em suas vidas diárias. O poder de um mantra não está em seus dizeres, mas nas suas vibrações.

Esses sons operam a nosso favor. As palavras devem ser pronunciadas corretamente, a língua é movida meticulosamente. Há uma tendência a murmurar ou "comer" as palavras. É preciso ficar alerta. O efeito do mantra depende dos pontos de reflexo na língua, encontrando as linhas energéticas no céu da boca. Dentro do palato, no céu da boca, há oitenta e quatro pontos meridianos, segundo a medicina ayurvédica oriental. Esses pontos podem ser ativados pela língua. O hipotálamo é estimulado com essas massagens e, por sua vez, estimula as glândulas pituitária e pineal, que são as mais importantes do corpo.

Os cientistas modernos também estão usando ondas sonoras, o ultra-som, para aumentar a fertilidade das sementes, para destruir micróbios, etc. Essas ondas nem são percebidas pelo ouvido humano; portanto, não há razão para que duvidemos desses conhecimentos antigos, antes que os experimentemos na prática.

Os mantras chegaram até os dias atuais sem contar com aparelhos de som, gravadores ou CDs. Isso já é uma prova de eficácia, pois se fossem bobagens ter-se-iam perdido no tempo. Esse tesouro foi sempre mantido em segredo, protegido por aqueles que o experimentaram, e só era ensinado a uns poucos escolhidos mediante iniciações. Na Era de Aquário, os mantras serão divulgados, pois essas técnicas de sabedoria pertencem a todos nós, e o acesso a elas é nosso direito como seres humanos.

Eles podem ser feitos em voz alta, sussurrados ou em silêncio. Mantenha a coluna reta e o corpo relaxado.

Há muitos mantras. Alguns podem ser associados a exercícios, para torná-los mais efetivos. Este capítulo apenas dá uma pequena pincelada num assunto que não cabe nesta obra, por ser muito vasto e profundo. Aqui estão apenas alguns exemplos.

Há um tempo mínimo estabelecido para a prática de mantra ou qualquer outra meditação. Dizem os iogues que, com três minutos de prática, altera-se o campo magnético do corpo. Para alterar o sistema glandular são necessários onze minutos. Com trinta e um minutos, os fluidos glandulares atingem todas as células, circulando pelo sangue. A massa cinzenta do cérebro apresenta mudanças depois de sessenta e dois minutos de prática ininterrupta.

I — Ong Namo Guru Dev Namo

Uma pessoa estressada sente-se insegura, desprotegida. Este é um mantra de proteção. Em Kundalini Yoga, é usado antes de se iniciar qualquer prática.

ONG é uma sílaba usada para chamar o Criador no seu estado absoluto. É a energia infinita e criativa. NAMO é uma saudação respeitosa. ONG NAMO significa: "Eu chamo a consciência criativa infinita", abrindo-se para a consciência universal que guia toda ação.

GURU é o mestre da corporalização da sabedoria. DEV, Divino Deus. NAMO, novamente a reverência humilde. GURU DEV significa: "Eu chamo a sabedoria Divina"; é um pedido para ser guiado no uso do conhecimento dado pelo Ser Superior.

Esse mantra é entoado com a coluna reta, as mãos postas em atitude de oração, na frente do peito, tocando no corpo. É cantado pelo menos três vezes. Canta-se a partícula DEV um pouquinho mais alta que as outras.

A entoação completa do mantra dura uma respiração inteira.

Pronúncia: Onnnnnnnng namô guru deeeeeeeeeeeeev namô.

2 — Sat Nam

É usado para acalmar e equilibrar a energia mental. Proporciona um sentido de realidade e também libera energia. Mentalize esse mantra estendendo a mente para o infinito, recordando que Deus é o princípio de todas as coisas e que ele não está longe: está dentro de você. Sintonize-se com o infinito e sinta que é uma manifestação Dele.

Projete um chamado vindo do seu coração; esse mantra tem o poder da manifestação. Os iogues o usam para pedir a abertura de novos caminhos em suas vidas.

Pronúncia: Saaaaaaaaaaaaaaaaat nam.

SAT é um som longo, quase do tamanho da expiração. No fim, a língua encosta-se nos dentes, como falam os paulistas, não os mineiros. Em NAM, é como se fosse falar nama e arrependeu-se no meio do caminho.

3 — Sa Ta Na Ma

Esse mantra é um solvente das manchas mentais. Quando você o entoa, sua mente é fixada nos aspectos infinitos de si mesmo. Você deixa de se relacionar com polaridades e penetra numa condição neutra, necessária para uma limpeza bem-sucedida dos medos no eu subconsciente. Esse acesso é proporcionado pelo ritmo da respiração.

Se vier algum medo ou pensamento negativo, deixe-o vir, mas esteja consciente no ritmo de SA TA NA MA. Assim, você se manterá neutro, mesmo que se torne temporariamente emotivo. Uma vez que você fique neutro, não haverá reações e o medo será neutralizado. Se você lutar contra o medo, estará fornecendo energia para dar-lhe uma identidade. O mantra traz a neutralidade necessária a esse processo. Seu ritmo de respiração proporcionará acesso ao subconsciente assim como à mente consciente.

Algumas pessoas podem apresentar dor de cabeça ao entoar esse mantra, se estiverem com a energia bloqueada nos centros solares. Para corrigir ou evitar esse problema, medite visualizando que a energia entra pelo topo da cabeça e sai pelo centro da testa, formando um L. A energia fluirá seguindo o caminho energético chamado Cordão de Ouro, que conecta as glândulas pineal e pituitária.

Significado: SA — nascimento, infinito.
TA — vida, existência.
NA — morte ou transformação.
MA — renascimento.

Esse é o ciclo da criação. Do infinito vêm a vida e a existência individual. Da vida vem a morte ou transformação. Da morte vem o renascimento da consciência para alegria do infinito. Do início ao fim, com a compaixão reconduzindo a vida.

Esses são os sons primais que exercem efeito positivo sobre o sistema nervoso e o cérebro, criando harmonia interna. Relaxam a mente e facilitam a concentração. Esse mantra clareia a mente subconsciente, dando brilho e limpando a aura de quem o entoa; elimina estresse e aumenta o campo magnético. Excelente nos casos de síndrome de pânico, estresse e depressão.

4 — Om

Mantra universal. Equilibra as glândulas endócrinas, protegendo contra a negatividade. Ajuda a superar situações difíceis. Abre o ser mais íntimo do homem para as vibrações de uma realidade superior.

Inspire. Exalando, comece a entoá-lo pela boca, feche-a em seguida, deixando que o som saia pelo nariz, longamente, até acabar o ar. Imagine o som nascendo nas suas entranhas, um pouco abaixo do umbigo, no hara, o ponto mais importante do corpo humano.

Pronúncia: O O O O O m m m m m m m m m m m m m m m m m m m.

5 — Guru Guru Wahe Guru Guru Ram Das Guru

Angústia, tristeza, desencontros, desencanto com a vida. Coisas do coração. Traz humildade, relaxamento. Guru, neste contexto, significa Deus.
Pronúncia: Guru, guru, uárre guru guru ram (como o erre de barato) das guru.

6 — Wahe Guru Wahe Guru Wahe Guru Wahe Dio

É um mantra que produz sensação de felicidade. Muito usado para desenvolver habilidades de cura, tem um ritmo que permanece facilmente no subconsciente, mesmo usado por pouco tempo.
Pronúncia: uárre guru... uárre dío (a língua bate nos dentes da frente).

7 — Ang Sang Wahe Guru

É um poderoso mantra que afirma: Deus está dentro de cada fibra do meu corpo.
Pronúncia: Ang sang uárre guru.

Música

Os sons que nos cercam e os que emitimos nos influenciam poderosamente, acalmando ou irritando o organismo. Também têm muito poder sobre bichos e até plantas. As vacas dão mais leite se, por ocasião da ordenha, há música harmoniosa. Uma planta, irrigada com bom som, apresenta-se mais forte e bonita.

A música influencia não só a esfera psíquica mas também o físico, agindo sobre o sistema nervoso, gerando equilíbrio ou desequilíbrio. Ela modifica o ambiente em que se propaga e as pessoas que a captam.

Os sons estridentes, sem harmonia, favorecem o estresse, o ódio, o medo e podem dar dor de cabeça. Um instrumento dissonante produz dispersão mental e impulsividade. Há ritmos que limitam o raciocínio e diminuem a capacidade de reflexão. Uma pesquisa feita nos Estados Unidos comprovou que as cobaias submetidas a som muito alto, estridente, tiveram a capacidade sexual diminuída. Os animais se desinteressaram pelo sexo.

A música suave, melodiosa, traz serenidade e eleva a capacidade mental. Contribuindo imensamente com harmonia, ajuda a elevar a percepção e a reprogramar padrões de hábitos emocionais da pessoa. Acalma o sistema nervoso, como um bálsamo, e revigora-o. Ela o envolve como uma brisa que passa, e você se sente em festa, limpo, alegre, em harmonia.

Os instrumentos também influenciam, sendo o piano o mais indicado nos casos depressivos, pois é um tonificante psíquico.

Em fases de tensão, experimente manter uma música suave em volume baixo na sua casa. Não importa se as pessoas acreditam ou não, porque funciona de qualquer maneira. Ela ultrapassa o intelecto e satura o ser com suas energias. De acordo com a receptividade, os efeitos podem ser profundos.

Uma vibração sonora vibra as energias na aura do indivíduo, alinhando ou desalinhando o campo energético do ouvinte. Tipos diferentes de música geram tipos diferentes de emoções.

Fique mais atento no efeito que a música exerce sobre você e descobrirá muita coisa. O corpo é capaz de diferenciar os sons benéficos dos prejudiciais. Observe a letra da canção que ouve, analise o teor dela, observe a mensagem que traz e veja se vale a pena escutá-la. Som é alimento da alma. Será que qualquer coisa serve?

A música está muito ligada com o hemisfério direito do cérebro, com o inconsciente.

As doenças são psicossomáticas, isso quer dizer que qualquer distúrbio tem suas origens em níveis muito sutis: talvez um pensamento distorcido, uma negatividade emocional mantida, que acabam vindo à tona como distúrbios físicos. Portanto, música harmoniosa é uma forma de medicina preventiva, pois tem efeito harmônico sobre as emoções.

Outra terapia interessante é o canto. É uma atividade na qual você pode envolver totalmente. Coloque-se com intensidade nela. Mas não copie a canção de ninguém. Invente a sua, deixe que ela venha do seu coração. Cante espontaneamente. "Quem canta os males espanta", diz a sabedoria popular.

Aromaterapia e Cromoterapia, Artes muito Antigas

Aromas

O valor terapêutico dos aromas* e das cores é reconhecido há mais de seis mil anos. Hoje, essas propriedades estão sendo redescobertas, e muitas fragrâncias e tons são utilizados de acordo com a sabedoria de eras passadas para restaurar o equilíbrio perdido no mundo moderno.

A arte da aromaterapia aproveita a essência das folhas, flores e resinas aromáticas para trabalhar os sentidos e restaurar a harmonia do corpo e da mente.

As plantas têm alma e sentimentos muito profundos. Elas trazem-nos a consciência dos fatos que nos levaram a ficar doentes e ajudam-nos muito a recuperar e desintoxicar os nossos órgãos. As essências das ervas e das flores são instrumentos de purificação, reciclagem das energias do corpo físico e das energias mais sutis. Os aromas atuam sobre o centro emocional do cérebro, que rege a nossa maneira de sentir.

Os aromas podem ser extraídos das plantas *in natura* ou de essências encontradas facilmente no comércio. Se esses produtos

---

* N. do E.: A respeito do tema, ver também *Aromaterapia — A Magia dos Aromas e dos Perfumes*, Luanda Kaly, Madras Editora.

estiverem em estado bruto, é necessário que sejam diluídos em um óleo básico, que servirá de base. Um excelente óleo básico é o de amêndoas doces, pois é antialérgico. Existem outros, como o de nozes que equilibra o sistema nervoso, o de primavera que alivia tensão prémenstrual, e o de germe de trigo que é antioxidante. Todos são ricos em nutrientes e adaptam-se à maioria dos tipos de pele. Os óleos prensados a frio são os melhores. Nunca podemos aplicá-los diretamente na pele, sem diluição, pois são altamente concentrados, exigindo cuidados especiais.

Há muitas formas de utilizar as propriedades terapêuticas dos aromas, além de simplesmente inalar as fragrâncias deliciosas. Uma delas é na massagem corporal, em suas mais variadas técnicas.

Também podem ser usados, em aromatizadores, potinhos que possuem um recipiente em cima, onde se coloca água e algumas gotas da essência, e um espaço em baixo, destinado a uma vela ou lâmpada. O aroma propaga-se lentamente no ambiente, à medida em que a água vai se aquecendo.

Na forma de banhos, a essência é colocada em água quente. O ambiente deverá estar fechado. Banheira plástica pode ficar manchada quando usamos um óleo com essência. É necessário que seja limpa com um pano logo após o uso. Em banho de chuveiro, após o enxágüe, coloca-se a esponja em uma vasilha com água e o óleo aromático desejado. Esprime-se a esponja e esfrega-se sobre o corpo, passando depois sob um jato de água morna.

Pode-se também usar a essência aromática em pulverizadores de ambientes, perfumes e sachês, sobre a lenha da lareira, velas perfumadas e até compressas de panos molhados em água quente, em que foram dissolvidas algumas gotas de essência. O pano é espremido e colocado na região desejada.

Se misturarmos os óleos sem que haja um estudo adequado, poderemos ter efeitos imprevistos, agradáveis ou não.

Na gravidez, é melhor evitar os óleos de louro, sálvia branca, confrei, erva-doce, manjericão, melissa, alecrim e tomilho.

A aromaterapia é um antídoto formidável para muitos problemas relacionados ao estresse. As substâncias extraídas de determinadas plantas têm propriedades relaxantes, calmantes, que revigoram e restauram o sistema nervoso, promovendo o equilíbrio e o autocontrole.

Nos casos de estresse, as mais indicadas são: camomila, gerânio, lavanda, melissa, manjericão, hortelã e sândalo.

Quando a ansiedade se faz presente, nada como os aromas de manjericão, jasmim, cidrão, sálvia ou tomilho para mudar o quadro.

Para depressão, os melhores são manjericão, bergamota, sálvia, camomila, cipreste, gerânio, alecrim, jasmim, lavanda, limão e laranja.

Se houve um choque emocional, um tratamento de ação rápida pode ser conseguido com óleos de melissa, alecrim, camomila ou hortelã. Colocam-se umas gotas num lenço, para cheirar, ou prepara-se um banho com ele.

Se a dor de cabeça é causada por estresse, uma compressa de água fria ou morna, com algumas gotas de óleo de gerânio aplicado na testa, resolve. O lenço é molhado na mistura e depois espremido.

Uma compressa feita com água e algumas gotas de sândalo traz alívio à tensão de pescoço.

Os aromas ajudam a melhorar o humor e eliminam a melancolia que às vezes nos abate. Quando nos sentimos melancólicos, a mera inalação do jasmim ou flor de laranjeira nos tira da letargia. Os óleos de alecrim, cipreste e cidrão são bons restauradores, assim como a flor de laranjeira. São bons refrescantes.

Nos casos de fadiga mental e exaustão, usamos os de eucalipto e hortelã.

Uma reação comum em situações estressantes é a insônia, pois o corpo não relaxa o suficiente para que possa descansar o quanto precisa. Travesseiros aromáticos, feitos com ervas medicinais e não com essências, facilitam o sono, como os de camomila, alfazema, manjericão, melissa e rosa branca.

A lavanda transmite uma sensação de relaxamento e bem-estar, excelente para pessoas nervosas, tensas, que sofrem com esse problema.

O guaco é ótimo para quem tem o sono perturbado, além de ajudar nos problemas respiratórios.

De tradição milenar, os travesseiros feitos à base de ervas têm sua origem no Tibete. Eram usados pelos monges, nos mosteiros, que a eles atribuíam a virtude de lhes dar mais tranqüilidade. Até hoje são muito usados no Oriente, com finalidades terapêuticas comprovadas, tanto no estado emocional como no estado físico do indivíduo. Os antigos egípcios e também os indígenas do Novo Mundo, toltecas e astecas, usavam os aromas das flores e ervas com o objetivo de estimular a circulação e o metabolismo, uma forma de purificação não só física mas mental e espiritual.

A inalação de aromas nos afeta psicologicamente; dependendo da fragrância, pode acalmar, equilibrar ou tonificar.

A verbena e o eucalipto atuam no metabolismo, tonificando e equilibrando, sendo indicadas para a falta de concentração.

O eucalipto clareia os pensamentos e a alma quando tudo está confuso. Também purifica o astral do ambiente. Atua nos problemas respiratórios, fadiga mental, falta de concentração. É descongestionante e anti-séptico.

O cipreste é ótimo contra tensão nervosa, mas é contra-indicado nos casos de pressão alta.

O alecrim é tônico, restaurador das energias do organismo e estimulante da memória. Refaz o sistema nervoso depois de uma intensa atividade intelectual. Serve para aliviar dores de cabeça, é antidepressivo, elimina ódios, mágoas, ressentimentos e medo infundado. Apresenta bons resultados nos casos de choques emocionais e melancolia. Melhora o humor.

Outros Exemplos:

BENJOIM: relaxante.
BERGAMOTA: combate a depressão.
CALÊNDULA: estresse, tensão nervosa.
CAMOMILA: calmante. Ótima contra insônia, estresse, choque emocional. Propicia equilíbrio mental, alegria e criatividade.
CANELA: útil nos casos de fadiga e depressão. Use em concentração muito baixa.
CIDRÃO: refrescante. Indicado para casos de ansiedade e insônia. É valioso no tratamento do sistema nervoso. Restaurador.
ERVA-DOCE: calmante, boa contra insônia. Transmite força e coragem e ajuda a recuperar o equilíbrio.
FLOR DE LARANJEIRA: nos casos de melancolia, insônia.
GERÂNIO: combate a dor de cabeça causada por estresse.
HORTELÃ: para estresse, choque emocional e fadiga mental.
JASMIM: melhora ansiedade, depressão e melancolia. É refrescante.
LARANJA: nos quadros de ansiedade e depressão.
LAVANDA: equilibra as emoções e o sistema nervoso. De grande ajuda nas situações de estresse, depressão e insônia. Faz limpeza psíquica.
LIMÃO: combate depressão.
LOURO: tônico. Ajuda a trazer o sono.
MACELA-DO-CAMPO: crescimento pessoal. Reduz insônia, sono agitado e nervosismo.
MANJERICÃO: tonificante dos nervos; combate fadiga, ansiedade, depressão, insônia, estresse; revigorante, ótimo para peles flácidas.

Contra-indicado na gravidez. Usar em doses mínimas.
MELISSA: utilizada após choque emocional. Boa contra insônia, estresse, tensão nervosa, ansiedade e histeria. Alivia dor de cabeça.
MENTA PIPERITA: revigorante, estimulante, refrescante. Ajuda a manter a concentração, traz positividade.
ROSA BRANCA: melhora o humor. Boa contra insônia e enxaqueca. Essência do amor que atua no coração, suavisando tristezas e desgostos. Relaxante. Transmite ternura, segurança e paz. Energizante.
SÁLVIA: combate ansiedade e depressão.
SÂNDALO: melhora estresse e tensão no pescoço.
TOMILHO: para ansiedade, depressão e fadiga.
VERBENA: boa para o metabolismo. Equilibra as energias. Ajuda na falta de concentração.

Cores

O uso intencional da cor é de ajuda valiosa na cura de estados mentais e emocionais. Muitas vezes, moléstias graves aparecem depois de forte depressão, após uma fase "cinzenta" na vida. A cor é o alimento da alma. Cor é luz, é vida explodindo a cada instante ao nosso redor e dentro de cada um.

Dizem que os olhos humanos só captam uma pequena fração de cores entre o vermelho e o violeta, e que existe um espectro inteiro a ser explorado. Os cientistas mal começaram esse trabalho. Assim, como há sons que não ouvimos, mas que nos afetam o tempo todo, há cores que também não vemos, mas que influem poderosamente em nossas vidas.

Nesse mundo colorido, a terapia da cor (cromoterapia) trabalha através da alma sobre os órgãos, glândulas etc., num processo ainda pouco compreendido. É necessário cuidado ao aplicá-las, pois as cores podem deprimir, animar, criar estados de espírito muito variados.

Os tons que vão do azul ao violeta, passando pelo púrpura, pelo alfazema, penetram principalmente nas áreas que têm a ver com a espiritualidade.

O verde, tão comum em toda parte, traz repouso, é tranqüilizador. Reduz as sensações de náusea, de enjôo. É considerado a cor da cura. Os tons de verde-escuro penetram mais nos órgãos, como os rins, o fígado, a parte baixa dos pulmões.

Também pródigo na natureza, o azul relaxa, refresca, harmoniza. O azul-claro e o verde atingem os aspectos intelectuais e emocionais.

A cor rosa está relacionada com carinho, amor, afeto.

As cores "quentes", intensas, como o vermelho, o laranja e o amarelo, são menos encontradas na natureza do que o verde e o azul. Em cromoterapia, o uso também deve ser parcimonioso.

O laranja ajuda a restaurar relacionamentos. O vermelho representa energia, força, coragem, emoções fortes.

Essas e outras características fazem das cores um instrumento de cura. Muitos povos têm usado as cores na harmonização dos pensamentos.

Numa fase estressante, é bom evitar roupas nas cores marrom, cinza, preta ou vermelha.

Um ótimo exercício é mentalizar, por alguns minutos, que sua cabeça está envolvida em luz azul-índigo-metálica, bem brilhante e bonita. Faça isso várias vezes por dia.

Se há insônia, imagine a luz violeta-metálica, pulsante, envolvendo toda a cabeça, quando for para a cama. Nesse caso, é bom o uso de roupas azuis. Um outro recurso, quando o sono não vem, é lançar mão do poder mental e criar os tons de azul mais variados. Relembre como é o céu no início da noite, num tom azul-escuro, as primeiras estrelas surgindo prateadas. Ou o azul das ondas movimentando com cadência a superfície do mar. Ou imagine um cobertor azul bem lindo, fofinho, aquecido pelo sol cobrindo todo o seu corpo prazerosamente. Pense que está tudo bem, tudo em paz, sinta-se embrulhado num manto azul e relaxe todo o corpo.

Ficando mais consciente das cores e dos sons da natureza e usufruindo mais deles, trazemos muita harmonia e beleza para a nossa vida. Pelo uso correto da projeção de luz, física ou mentalmente, podemos aumentar o nível de energia e trazer o descanso adequado, um verdadeiro milagre colorido.

Chacras

Mapeados há milhares de anos, os chacras fazem parte do Sistema Nervoso Autônomo. São centros poderosos de Força Vital, geradores contínuos de prana e entradas importantes de energia cósmica no ser humano. São "órgãos etéreos", que trabalham em função do pensamento e do sentimento, cada um absorvendo do Cosmo a energia vital por meio de uma cor e um som. É esse sistema de energias que conserva o corpo e a mente saudáveis. É por eles que sentimos a vida, que nos relacionamos com nós mesmos e com o mundo. Traduzido do sânscrito, chacra significa roda, círculo, pois assim se apresenta à nossa percepção.

Embora sejam interdependentes com o sistema nervoso, não são pensados como sinônimo de qualquer parte do corpo físico. Não se localizam dentro do corpo, mas estão sobrepostos a ele.

Quanto mais equilibradas estão essas "baterias", mais energia é absorvida pelo nosso sistema, o que resulta em mudanças extraordinárias em nosso corpo. Quanto mais se estabelece contato consciente com os chacras, mais se escapa da inconsciência, mais luzes se acendem. É como ligar um motor na força máxima para qual foi programado, como ligar uma lâmpada de 220 volts na tomada correspondente, e não na de 110 volts.

Temos muitos chacras. Alguns são pequenos, mas necessários. Sete são grandes e importantes, e serão mencionados adiante. Além deles, existem outros cinco, ainda mais elevados, cujas informações poderão ser encontradas em literatura específica.

Há muitas formas de se trabalhar com esses vórtices de energia, com técnicas de Tai-Chi-Chuan, Ioga, etc. Uma maneira simples e

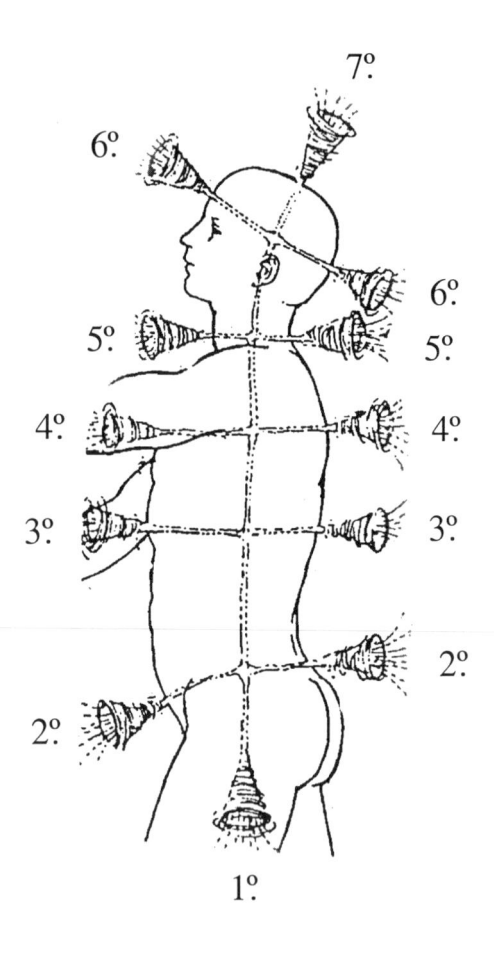

Chacras: Vistos de frente e de costas

eficaz é, após um relaxamento total do corpo, visualizá-los, um de cada vez, com sua cor respectiva. Seguir a seqüência do primeiro ao sétimo. Sempre pensar nas cores muito bonitas e brilhantes. Finalizar envolvendo-se num arco-íris maravilhoso, suave e agradável.

No item "Meditação das sete ondas" (ver "Índice"), está um outro exemplo de como trabalhar os chacras.

Primeiro chacra

O primeiro "encontra-se" no períneo, na base da coluna, entre o ânus e os genitais. Está relacionado com as coisas materiais.

Traz vitalidade, estímulo físico para todas as células do corpo, estabilidade, firmeza, segurança, auto-suficiência. Influencia nossa capacidade de projeção e manifestação em relação às necessidades mundanas.

Quando está desvitalizado ficamos muito sintonizados com problemas existenciais, medos de sobrevivência, insegurança, instabilidade, etc.

Está associado com a cor vermelha e com a nota musical DÓ. Elemento: terra.

É chamado de Básico ou Muladhara, que em sânscrito significa raiz. As partes do corpo que estão ligadas a ele são as glândulas supra-renais e os rins.

Uma forma de mantê-lo em ordem é tomarmos cuidados descansando, exercitando e dando prazer ao nosso corpo.

Segundo chacra

O segundo em importância, "localiza-se" na área do corpo correspondente ao baço, a meio caminho entre o púbis e o umbigo.

É o Esplênico ou Svadhisthana, cuja tradução é "doçura". Regido pela cor laranja e pela nota musical RÉ. Elemento: água.

Funciona como um transformador de energia densa para energia mais leve. Age na área das faculdades mentais, da criatividade, estimulando a mente. Quando está funcionando adequadamente, manifesta-se em sexualidade e procriação.

Problemas de ordem sexual, como impotência, frigidez, frustração, medo, podem surgir de seu mau funcionamento.

Corresponde às funções corporais que usam líquidos, como circulação sangüínea e eliminação urinária.

Terceiro chacra

O terceiro "está" entre a base do esterno e o umbigo. Recebe o nome de Solar ou Manipura. É o centro de sensibilidade, muito ligado à natureza emocional do homem.

Sua cor é o amarelo-brilhante e a nota musical é MI. Elemento: fogo.

As emoções negativas nos atingem através dele. Por seu intermédio, captamos vibrações de inveja, ódio e ansiedade. Fraqueza, indecisão, raiva, culpa, surgem se não está funcionando em perfeitas condições.

Quando o purificamos, fortalecemos nossa natureza espiritual e adquirimos o poder pessoal, a vontade forte e equilibrada, a automotivação, a habilidade de tomar decisões.

É associado ao pâncreas, supra-renais, fígado, estômago, sistema digestivo e músculos.

Quarto chacra

O chacra que "se encontra" na região do coração e a ele está ligado representa o equilíbrio entre esses três e os outros que ainda serão mencionados, os superiores.

Une os impulsos físicos e as aspirações espirituais mais elevadas. Ele integra e equilibra a mente e o corpo. Por ele, percebemos o mundo como unidade.

Amor, aceitação, compaixão, realização são decorrências desse chacra bem equilibrado.

Disfunção: depressão, angústia, desencanto com a vida.

A cor do Chacra Cardíaco é o verde-esmeralda; nota musical, FÁ. Elemento: ar.

Também chamado de Anahata, está ligado ao plexo cardíaco, pulmões, timo, braços e mãos.

Movimento, dança, riso e alegria são ótimos alimentos para ele.

Quinto chacra

"Localizado" no pescoço, conectado com a tireóide, atrás do pomo-de-adão, o Chacra Laríngeo, ou Visuddha, libera a criatividade mística. Controla a cura do corpo e da mente.

Está ligado com a comunicação consigo mesmo, com os outros e com o mundo.

Se não estiver funcionando perfeitamente, aparecerão problemas deste gênero: ou fala-se demais, ou de menos; as palavras saem muito alto ou muito baixo; ou fala, mas não é entendido, fala "grego". Suas palavras podem soar amargas.

Comunicação, criatividade, auto-expressão. A pessoa que tem o dom da palavra, que fala e convence, tem esse chacra em ótimas condições.

Cor: azul-claro. Nota musical: SOL. Elemento: vibração.

Sexto chacra

"Visualizado" um pouco atrás e um pouco acima dos olhos, entre as sobrancelhas, na área conhecida como Terceiro Olho, está o Chacra Frontal, ou Ajna.

Está ligado a habilidades físicas e espirituais como intuição, pressentimentos, visualização, imaginação, percepção e clarividência.

Dificuldade de focalizar-se na vida, alienação, estagnação intelectual e pensamentos confusos surgem como disfunção.

Sua cor é o azul-anil. Nota musical: LÁ. Elemento: luz.

Está em conecção com a glândula pituitária.

Sétimo chacra

O sétimo é o mais importante, chamado de Coronal ou Grande Portal. Também recebe o nome de Chacra da Coroa, ou Sahasrara.

Estando perto do topo da cabeça, ligado à glândula pineal, une o homem ao Cosmo. Faz com que a pessoa se sinta abençoada, de bem com a vida.

Está associado com bem-aventurança, entendimento.

O seu mau funcionamento traz depressão, alienação, confusão e insanidade.

Sua cor é o violeta. Nota musical: SI. Elemento: pensamento.

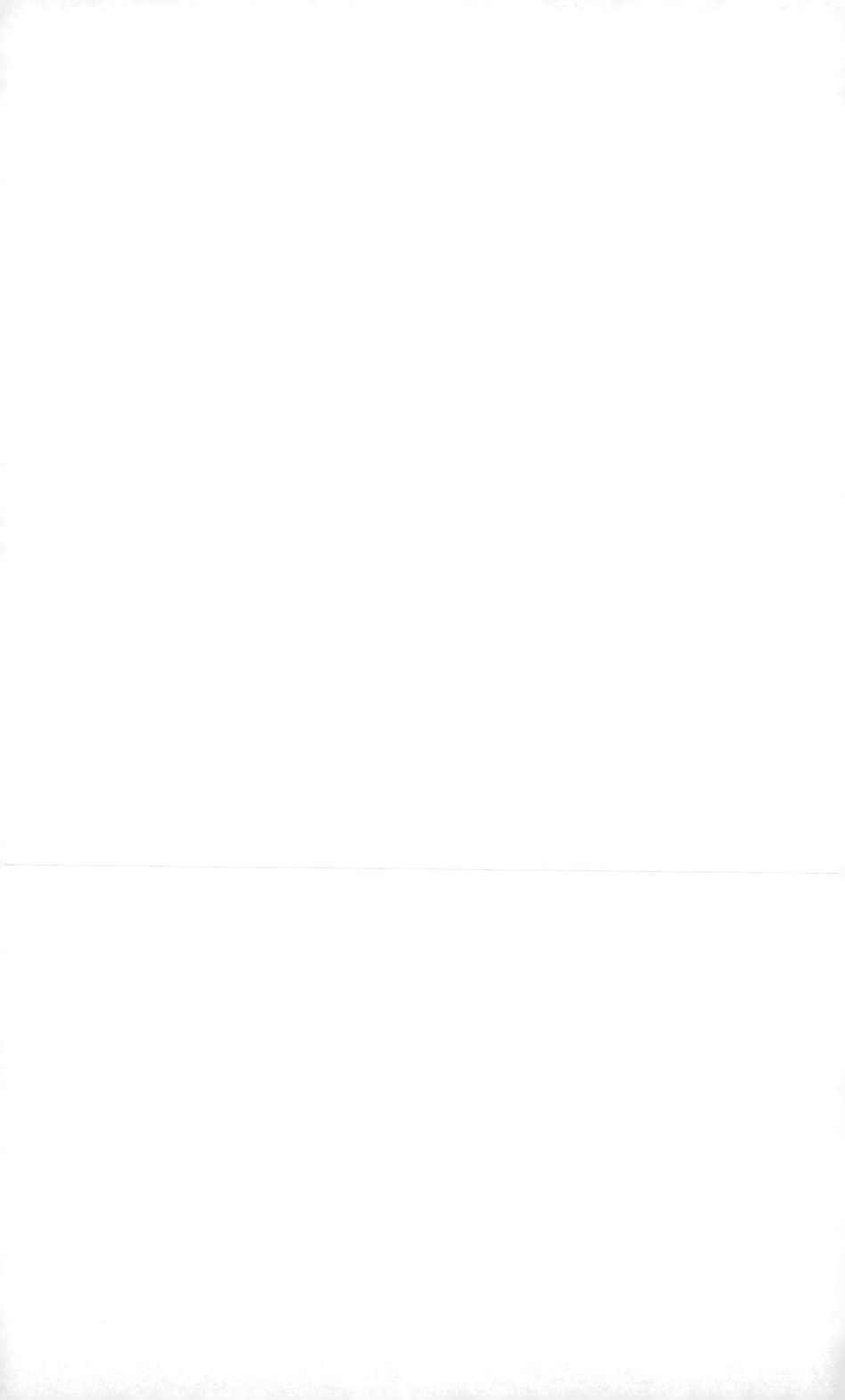

Exercícios

Libere a tensão relaxando

No relaxamento completo, nós nos distanciamos das coisas importantes ou não, nesse instante vemos como todos os problemas se tornam pequenos e insignificantes. Tudo parece estar longe. Ficamos num estado de vigília interior, concentrados, conscientes. Nada tem a ver com um cochilo agradável.

Procure um lugar adequado, gostoso, com poucas chances de ser interrompido. Tome todas as precauções possíveis para não ser incomodado.

Deitado de costas, confortavelmente, inicie com uma boa espreguiçada, alongando gostosamente o corpo, feito um gatinho a tomar o sol da manhã. Desligue-se de tudo e de todos.

Então, vá se acomodando: braços ao longo do corpo, palmas para cima, sinta as mãos gordinhas, os dedos soltos e moles.

Pés um pouco afastados um do outro, pernas abandonadas, afundando no solo. Sinta cada artelho, cada unha, cada pelinho.

O queixo aponta levemente para o peito, sem forçar. Olhos fechados, sentindo os globos oculares imersos no escurinho, voltados para a base do nariz, como se quisesse olhar dentro do cérebro. Maxilar destravado, língua grossa, ocupando toda a cavidade bucal. Sinta que os ossos do crânio se relaxam abrindo mais e mais espaço para o cérebro. Descontraia todo o rosto, todo o pescoço. Sinta as batidas do coração.

Umbigo solto, abaixe a cintura, os ombros. Sinta a coluna se amolecendo, afrouxando-se, como um paninho velho caído no chão. Uma profunda paz vai invadindo, amolecendo, relaxando gostosamente todo o seu corpo. Mais e mais você se acalma, entrega-se... Totalmente.

Agora, observe a respiração, apenas observe, sem mudar nada. Veja onde nasce o impulso de respirar. Sem que você interfira, a respiração vai se aprofundando por si mesma, ficando mais lenta e calma, sem ruídos. Experimente a sensação de respirar dentro de si...

E coloque asas na alma, vá como os pássaros, atravessando o espaço, libertando-se como eles por um momento... Mergulhe na imensidão azul, sinta a eternidade penetrando em você, e você penetrando na eternidade...

Termine o relaxamento espreguiçando-se, feito um gato ao sol da manhã, gostosamente. Então, levante-se e desfrute o seu dia.

Movimente-se

É necessário usar o corpo para chegar ao espírito, com cuidado, com carinho. Necessitamos de movimentos. Somos feitos principalmente de água e bem sabemos o que acontece com água estagnada... Uma das coisas mais importantes para combater o estresse é o trabalho físico. Quanto mais nos envolvemos com o corpo, mais relaxamos a mente.

A sociedade moderna aleijou o homem, tornando-o sedentário. Já não caminhamos, nem subimos escadas, não trepamos em árvores. Muitos de nós passamos grande parte do dia sentados diante da televisão, do computador... Lá se foi a criatividade, a beleza, a crença em si mesmo.

Ninguém foi criado para ser um desacerto, para dar errado. É preciso resgatar as raízes da alegria. Trabalhando o corpo, adquirimos mais segurança, mais auto-estima.

Mantendo-se a forma, fica mais fácil enfrentar os efeitos do estresse. As endorfinas produzidas durante os exercícios são sedativos naturais, responsáveis pela sensação de bem-estar. Mexer o corpo também ajuda a liberar energia acumulada, estagnada principalmente nas juntas. De acordo com a medicina oriental, de conhecimentos tão profundos, a saúde só é possível se a energia vital flui pelo corpo livremente.

Quando praticar os exercícios

Está provado cientificamente que o corpo passa por ajustes mensuráveis entre os últimos cinco minutos de sono da manhã e a primeira hora depois de despertar. Então, as secreções glandulares, a pressão sangüínea, a circulação, o processo digestivo e todo o metabolismo em geral passam por um processo de despertar definitivo.

Portanto, o horário ideal para praticarmos os exercícios é logo que despertarmos, antes do desjejum e do trabalho. Obtemos o máximo benefício quando os fazemos nesses momentos, o que nos proporcionará um despertar completo antes de um dia ocupado. É uma forma de preparar o corpo e a mente para enfrentar o dia com mais habilidade, para tratar das situações estressantes que possam surgir.

Naturalmente, eles podem ser repetidos a qualquer hora do dia ou da noite, para um imediato alívio da tensão formada. Simplesmente funciona.

Como executar os exercícios

Nosso corpo é uma obra de arte perfeita. Cada junta é precisa na sua função, todo músculo é balanceado por outro músculo contrário, nenhuma peça sobressalente ou sem função. Se um músculo se tenciona, os outros ficam sobrecarregados, desequilibram-se e modificam-se, distorcendo a coluna vertebral. A tensão pélvica pode ser a causa de um medo constante. O tórax pode ficar distorcido se temos uma imagem negativa de nós mesmos. A tensão acumulada bloqueia as energias, impedindo que os sistemas funcionem corretamente. Quando há má postura, o desalinhamento pode estirar os músculos da espádua e contrair os músculos do peito, trazendo problemas para os ombros e cavidade peitoral. Então não se respira profundamente, pois os pulmões ficam sem espaço para se expandirem. A respiração deficiente pode ser a causa de muitas disfunções do corpo. Quando o corpo está alinhado, a energia circula sem esforço.

Os exercícios diários, antiestresse, corrigem os ângulos das posturas corretas, fazendo com que a respiração fique mais profunda, dando mais liberdade ao corpo. Eles servem para pessoas de qualquer idade.

A diferença primordial entre um exercício ióguico e uma ginástica para aliviar a tensão está no uso de visualizações enquanto os pratica. Se os olhos estão abertos, vendo tudo que há ao redor, perde-se o efeito sutil que vem da concentração no exercício. Com os olhos fechados, observa-se o efeito do exercício no corpo, os movimentos, os estiramentos. Isso aumenta o valor do exercício.

O ideal é usar roupas leves e largas, de preferência feitas de algodão, para que a pele também possa respirar. Estar com o estômago vazio, usar o bom senso exercitando-se na medida de suas possibilidades, sem se esforçar além de seus limites. Se há algum antecedente de saúde que possa afetá-lo, deve-se procurar um médico antes de fazer qualquer exercício; são detalhes importantes que não podem ser esquecidos.

Sentar-se corretamente significa estar com o corpo centrado, tendo o peso distribuído equilibradamente entre o lado esquerdo e o direito do corpo. Procure nas suas nádegas por dois "pires", um em cada lado. Movimente-se sobre a cadeira e os encontrará. É sobre eles que deve sentar-se. Observe se a altura da cadeira está correta para o seu tamanho. As solas devem ser mantidas inteiras no solo. Coluna ereta, cabeça no prolongamento do corpo, peito erguido; ombros e rosto relaxados.

Quando fizer um exercício, preste atenção no que está fazendo e na sensação particular na área específica que está sendo movimentada. Os exercícios serão mais eficazes se estiver atento a essas sensações. Quando prestamos atenção a uma parte específica do corpo, estimulamos os nervos que ligam aquela parte ao cérebro e, assim, também estimulamos o cérebro.

Prestar atenção no que sente e como sente vai fortalecer a consciência sinestésica.

Uma boa maneira de desenvolver isso é movimentar-se de formas não habituais. Mexer-se sempre da mesma maneira leva à diminuição da sensação, ao desinteresse e ao desequilíbrio no funcionamento do sistema nervoso. O uso em excesso de algumas partes significa exaustão motora nessa área. Muitas vezes, o oposto também é verdade: desenvolvemos uma sensibilidade na área que não dispõe de alternativas para se movimentar. As pessoas tornam-se insensíveis por razões físicas e mentais, até mesmo pelo uso incorreto do corpo, pelos movimentos repetitivos, pela falta de imaginação de como fazer diferente.

Movimentar-se de formas diferentes retira a carga que recai sobre os mesmos músculos, permitindo que os outros também funcionem.

Experimente caminhar como os animais, por exemplo. Por alguns instantes, tente imitar o rastejar de uma cobra ou ande como um tigre, um gorila, um coelho. Use a imaginação, fique atento a detalhes como as patas. E ande de lado, para trás, etc.
Dançar traz movimentos novos na vida diária.
Quando recriamos a maneira de sentir, atuamos sobre o sistema nervoso central. Quando mudamos o jeito de andar, por exemplo, mudamos também o trabalho dos nervos e das partes do cérebro envolvidas nesse processo.
Nosso desenvolvimento depende da programação com que nascemos e das circunstâncias da vida. Quanto mais velhos ficamos, mais dependemos de treinamento, de autoprogramação. Novas habilidades são mais difíceis de serem adquiridas com o avanço da idade, mas sempre é possível. As coisas mais difíceis de deixarmos de lado são as que fazemos há muito tempo, habitualmente. A única maneira de sair do ciclo vicioso é fazer algo de maneira completamente nova.

Ioga

Um antídoto poderoso para o estresse diário é a Ioga, que age sobre todos os sistemas do corpo, melhorando a saúde em geral, tonificando os músculos e estimulando a circulação. Os benefícios não são apenas físicos, pois a ioga tem o poder de acalmar a mente.
Consiste num trabalho completo de exercícios energéticos e rítmicos que desenvolvem os poderes da concentração e criatividade, a capacidade de sentir a força, a paz interior, a dignidade, a luz do próprio espírito para enfrentar os desafios da vida.
Por meio de exercícios respiratórios, mantras, meditação, técnicas milenares de eficiência comprovada, podemos experienciar nossa real dimensão humana e espiritual.
Há várias modalidades de Ioga. Neste livro, há exercícios utilizados em várias delas, sendo a maioria extraída de Kundalini Yoga.
Essa modalidade de Ioga, pouco conhecida, traz rapidamente grandes resultados. Desenvolvida na antiguidade por iogues e monges, até pouco tempo era mantida em segredo e ensinada apenas a poucos iniciados.
A Kundalini Yoga foi trazida para o ocidente, a partir de 1969, pelo Mahan Tântrico indiano Siri Singh Sahib Harbhajan Singh

Khalsa Yogiji (Yogui Bajan), que hoje dirige uma rede com mais de duzentos centros espalhados pelo mundo todo.

Ele acredita que essas técnicas de sabedoria pertencem a todos os seres humanos e precisam ser divulgadas. Esses exercícios são verdadeiras jóias, muito eficientes, e, se praticados com freqüência, seguindo as instruções cuidadosamente, resgatam não só a qualidade de nosso sistema nervoso como outros aspectos da nossa vida, que nem sequer esperávamos. Os benefícios atribuídos a esses exercícios vêm de tradições centenárias. Os resultados variam de acordo com a freqüência em que são praticados e de acordo com as diferenças físicas das pessoas.

Como em todo programa de exercícios sem supervisão, o uso dessas instruções deve ser cuidadoso. Consulte um médico, se você tem dúvidas sobre sua adaptação aos exercícios. Perguntas podem ser dirigidas ao centro de Kundalini Yoga mais próximo de sua casa ou no endereço anexo no fim do livro. Não-violência é regra para ser respeitada, principalmente quando se trata de Kundalini Yoga, a mais difícil das iogas.

Antes de iniciar procure fazer um aquecimento do corpo, com movimentos simples, deixando a coluna flexível. Comece com exercícios suaves e mantenha um ritmo constante. Tenha bom senso, como em tudo na vida. Incremente gradualmente, com cuidado para não forçar. É muito importante relaxar após cada exercício.

Muitas vezes, vai perceber que há um tempo aconselhado para determinadas meditações de Kundalini Yoga. Poderá estar se perguntando por que onze minutos e não dez. Os mestres iogues explicam que são necessários três minutos de meditação para alterar-se o campo magnético de uma pessoa. Com onze minutos, altera-se o sistema glandular. Aos trinta e um minutos, os fluidos glandulares atingem todas as células do corpo, circulando pelo sangue.

Exercícios para liberar o estresse diário

A arte do relaxamento físico é outro passo para eliminar o estresse.

O corpo reflete nosso estado mental. O passado, o presente, a alegria e a tristeza se fazem presentes em nossas atividades. Uma pessoa decepcionada tende a ficar com os ombros caídos. As preocupações se mostram no pescoço tenso, na confusão mental, na hipertensão, na dor de cabeça, na insônia. Os resultados da ansiedade são a incapacidade para atuar e a depressão. Um corpo infeliz rouba da mente e da alma a energia vital. Quando relaxamos a tensão do corpo, automaticamente ficamos calmos. Quando a coluna está flexível, a mente fica clara.

Há exercícios que podem trazer o relaxamento total da musculatura no mesmo momento em que os fazemos. Quando decidimos relaxar, e sabemos a maneira correta de conseguir isso, fica tudo mais fácil. Esses exercícios podem tornar-se hábitos diários para eliminar a tensão quando ela surge, evitando que se acumule.

Os próximos exercícios aliviam a tensão das áreas mais vulneráveis do corpo. Experimentando praticá-los por apenas quarenta dias, veremos o milagre em nossas mãos.

I — Machado

Em pé, pernas separadas, coluna reta. Respire profundamente enquanto visualiza o problema que o aflige sobre uma tora de madeira bem na sua frente.

Ainda de olhos fechados, leve as mãos à frente e empunhe um machado imaginário. Erga os braços como o fazem os lenhadores e desfeche um golpe forte, possante, sobre a tora imaginária, visualizando que o está tirando da sua vida, que está quebrando os bloqueios que o impedem de encontrar a solução.

Permita que o som RÁ saia de sua boca, vindo lá das entranhas, com força total. De início, pode haver inibição que faça o som sair mais parecido com um miado de gato que com um grito.

Insista, repita o exercício até que consiga liberar a energia estagnada.

Finalizando, deixe o seu corpo pender à frente, braços soltos, cabeça pesada, como se fosse uma roupa molhada no varal.

Após uns instantes, retorne à postura normal. Faça isso bem devagarinho.

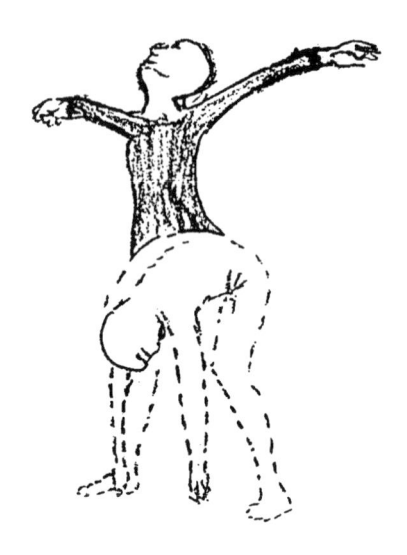

2 — Mingau

Esta é uma forma de relaxamento rápido, para quando não se dispõe de muito tempo ou espaço.

Em pé, comece a movimentar os seus pés, girando os tornozelos, mexendo com todas as juntas. Em seguida, deixe que o movimento se amplie subindo pelas pernas. Chacoalhe-as. Role os joelhos, movimente as coxas. Sem abandonar a vibração dos membros inferiores, permita que o seu abdome também se balance, mexendo a cintura pélvica. Logo, os braços e o tórax também estarão se movimentando rapidamente. Solte o pescoço, a cabeça. Deixe a boca destravada, os olhos fechados ou quase, a atenção voltada para dentro, sentindo todo o corpo vibrar intensamente. Exale sempre pela boca entreaberta. Quando todo o seu corpo estiver inserido nesse balançar, deixe que fique mais rápido e mais possante.

Então, inspire fundo, erguendo os braços para cima, espiche-se completamente, como querendo tocar o céu. Exale pela boca enquanto dobra as pernas, ficando de cócoras, as mãos apoiadas no solo, a cabeça caída. Procure deixar os braços entre as pernas, na postura de sapo, para evitar que o corpo se deslize à frente.

Feche as mãos, erga-se lentamente. Se for necessário, repita-o; esse exercício não toma mais que um minuto e traz alívio imediato.

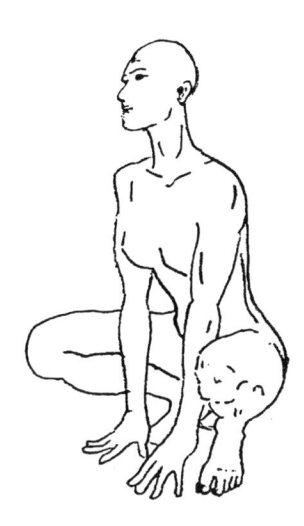

3 — Hara

Segundo a medicina oriental, o ponto hara localiza-se a cerca de três dedos abaixo do umbigo e é de extrema importância, pois é ele que distribui a energia pelo corpo. É o suporte do ponto energético da energia ki. Se bloqueado, a energia não flui pelo organismo, dando origem à fraqueza e ao congestionamento abdominal. Um homem sem hara é um homem inconstante.

Para liberar esses bloqueios, faça este fácil e rápido exercício: Em pé, pernas separadas, pés bem apoiados no chão, mãos sobre o ponto hara. Respire profundamente, sentindo o seu centro de força. Encha todos os espaços pulmonares até o último recanto, mas sem exagerar. Visualize que, na área onde estão suas mãos, resplandece um magnífico sol, forte, dourado, que o ilumina por dentro e por fora.

Inspire então profundamente e, num gesto rápido e possante, jogue os braços para cima, projetando o corpo para trás, emitindo um poderoso grito: HÁ! O movimento é franco, decisivo, sem inibição.

Finalizando, dobre o seu corpo à frente, a cabeça e os braços pendentes, caídos, soltos, e fique assim por alguns instantes. Erga-se sem pressa, calmamente. Eleve os braços ao máximo e estique-se gostosamente, espreguiçando-se. Sinta-se em comunhão com a vida, em paz, em estado de bem-aventurança.

É uma ótima forma para livrar-se de medos, ansiedades, etc.

No mundo moderno, muitas vezes, não podemos dar um bom grito, quando estamos em um apartamento, por exemplo. Então, experimente essa outra versão: ao expirar, liberte-se com um HÁ sem ruído, pela boca aberta, expulsando vigorosamente todo o ar, inclinando-se para o chão sem dobrar os joelhos. O mais importante é a atitude mental: visualize que os conflitos, as inquietudes, as preocupações e outras coisas desagradáveis estão indo embora.

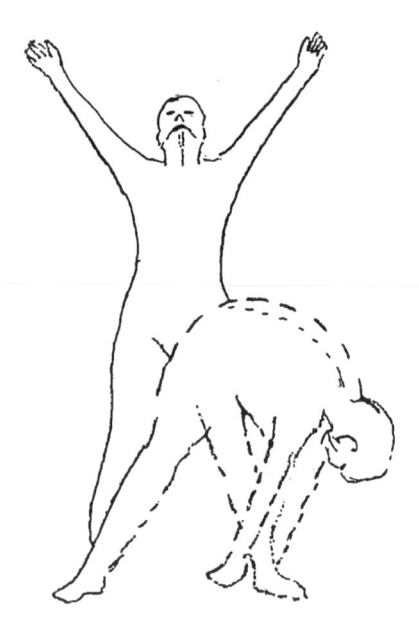

4 — Grite no vazio

Para tanto, precisa de um lugar ermo para não incomodar os ouvidos alheios.

Fique em pé, com as pernas separadas e os olhos fechados. Imagine que todos os medos, rancores, mágoas, enfim, todas as energias densas que carrega se concentram no pulmão. Por alguns momentos, respire rápida e profundamente.

Então inspire, retendo o ar pelo maior tempo possível, e, quando não der mais para retê-lo, libere tudo de uma vez, num grito forte e potente, batendo com os punhos acima do peito. Imagine que toda aquela carga negativa é descarregada no grito e sinta-se leve.

Se for possível, deite-se no chão e relaxe.

Assim faziam os magos druidas, na antiguidade. Assim você viu o Tarzan no cinema.

5 — Riso

O riso é um grande remédio. Ajuda a digestão, relaxa os músculos, deixa a pele corada e os olhos brilhantes. E para rir não é preciso motivo. Ria de si mesmo, ria para espantar a tristeza, ria para secar as

lágrimas. Use essa técnica para "lavar" a alma. Traga o bom humor para a sua vida. Desperte a inocência, a criança que existe em você.
Antes de tudo, dê uma boa espreguiçada, alongue cada fibra do seu corpo. Então, comece a rir. No começo, sairá forçado, é difícil, pode levar alguns minutos antes que aconteça. Mas logo a própria tentativa causará um riso verdadeiro, que mudará toda a qualidade do seu dia. Perca-se nele por algum tempo.
Se o bloqueio é tão grande que você não consegue rompê-lo, experimente forçar o vômito quando estiver em jejum. Esse também é um grande remédio, que limpa não só o estômago, mas também elimina ansiedades e medos. Então o riso poderá brotar lindo, cristalino, na sua vida.

> "Ouvi falar sobre três místicos chineses. Eram conhecidos apenas como 'Os Três Santos Risonhos', porque nunca fizeram outra coisa. Simplesmente riam. Eles iam de uma aldeia à outra, ficavam no mercado e davam boas gargalhadas.
> Eram três pessoas realmente lindas, rindo, as barrigas sacudindo. Contagiavam. Todo o mercado ria... Por algum tempo, um novo mundo se abria. Andaram por toda a China, simplesmente ajudando as pessoas a rir. As pessoas tristes, raivosas, ciumentas, todas começavam a rir com eles.
> Então, num povoado, um dos três morreu. Os moradores acharam que agora os outros dois iriam chorar a perda do companheiro. Mas ambos estavam dançando, rindo e celebrando a morte. Todos disseram que aquilo já era demais, uma grosseria; quando um homem morre é profano rir e dançar.
> Eles responderam: — Vocês não sabem. Nós três estávamos sempre pensando sobre quem morreria primeiro. Esse homem venceu, somos os perdedores. Como podemos dar-lhe o último adeus de outra maneira? Essa é a única despedida possível para um homem que riu a vida inteira. Se não rirmos, ele rirá de nós e pensará: — Seus tolos, então caíram outra vez na armadilha?
> Quando o corpo estava para ser queimado, os moradores quiseram dar-lhe um banho, como prescreve o ritual. Mas os amigos não o permitiram, atendendo à última instrução do morto, que pedira para ser colocado na pira funerária assim como estava.
> E, quando foi ateado o fogo, aconteceu uma grande surpresa. Aquele velho tinha pregado sua última peça. Ele havia colo-

cado muitos fogos de artifício sob suas roupas e, de repente, aconteceu o Diwali!
Então, todo o povoado começou a dar gargalhadas. Os dois loucos amigos estavam dançando e o povoado inteiro começou a dançar. Não era uma morte, era uma nova vida. Toda morte abre uma nova porta.
A gargalhada é uma força transformadora, capaz de mudar a tristeza em celebração; aprenda essa arte enquanto é tempo."

(*Yoga; The Alpha and the Omega,* vol. 4, Shree Rajneesh)

6 — Esmurre uma almofada

Quando estamos estressados, ou muito irritados, muitas vezes agredimos outras pessoas ou os animais domésticos. E isso é desnecessário. Deixe que a raiva e a ansiedade venham à tona de outra forma mais saudável e correta. Não negue esse sentimento, dizendo para si mesmo que você não é assim. Ter agressividade não é errado. Violência sim, esta vem da agressividade mal trabalhada.

Assuma a raiva, vá para um quarto isolado e deixe que ela venha. Pegue uma boa almofada e faça o que sentir vontade de fazer: morda, bata, esmurre! Deixe a raiva tomar conta, jogue-a fora! Você não está machucando ninguém, não há nada de errado nisso.

Você se sentirá ridículo no começo, mas não importa. Observe como ficará mais calmo. O veneno foi lançado fora do sistema. Com a repetição dessa técnica, você observará uma profunda mudança para melhor.

Essa almofada deve ser resistente, bem recheada, para que não machuque as mãos. Deixe-a só para essa finalidade, evitando descansar sobre ela. Se for sensível, logo descobrirá o porquê. Ela guardará parte dessa energia. Coloque-a ao sol após o uso.

7 — Andar descalço

Caminhar descalço sobre terra ou grama úmida, de preferência de manhãzinha ou no fim do dia, é outra forma de combater o estresse. Esse é um jeito de restabelecer o contato elétrico com o solo. Quando se coloca um isolante entre as solas dos pés e o chão, a passagem de cargas negativas fica impedida, e passamos a armazenar cargas positivas de eletricidade.

Para que o corpo humano funcione bem, é necessário que as condições eletromagnéticas estejam favoráveis. Cargas positivas em excesso atrapalham o funcionamento dos neurônios. Os primeiros sintomas que aparecem são: fadiga, insônia, estresse e ansiedade.

Para corrigir essa situação, é preciso eliminar o excesso de cargas positivas. Temos que nos voltar para a terra, que é a melhor reserva de energia negativa que conhecemos.

Portanto, andar descalço é extremamente benéfico. O contato das mãos com o solo também traz resultados parecidos.

Entretanto, são necessários alguns cuidados. Evite andar descalço perto de fios de alta-tensão, postes com transformadores, ou quando houver trovoadas. Pisos frios, dentro de casa, também precisam ser evitados, para não se expor a um resfriado.

Se caminhar é bom, meditando é melhor ainda.

Quando não puder andar descalço, na cidade, por exemplo, coloque um tênis bem confortável e saia num passo animado. Mantenha a coluna reta, os braços soltos e o corpo relaxado. É importante também escolher um horário apropriado, pois o sol muito quente traz grandes prejuízos, podendo provocar até o câncer de pele.

Nas caminhadas meditativas, combinamos um mantra com a respiração profunda. SA TA NA MA é um mantra apropriado a esse exercício. Pessoas com síndrome de pânico se beneficiam largamente com essa tecnologia. Maiores detalhes podem ser encontrados em "Mantras". Veja no "Índice".

Mantenha a sua atenção voltada para o centro da testa, bem entre as sobrancelhas, cerca de um centímetro acima. Essa região é conhecida como região do Terceiro Olho. Manter a atenção nesse ponto é uma forma de acionar a glândula pituitária, a segunda em importância no corpo humano.

Cada vez que colocar um pé no chão, entoe uma partícula do mantra. Procure coincidir sempre o pé esquerdo com o som SA. O mantra pode ser feito em voz alta, sussurrado ou em silêncio. Dá melhores resultados quando falado, pois a língua aciona os pontos meridianos.

8 — Desperte o seu corpo
Deitado com a barriga para cima, estique o corpo em todas as direções. Gire à esquerda e à direita, role para frente e para trás sobre as suas costas. Continue por três minutos. Depois, sente na postura de feto e bata sobre a baixa coluna, lentamente, com ritmo, como se os dedos dançassem relaxados.

Meditação

Meditação é uma proposta para vencer o estresse, aprendendo a conviver com ele. É impossível controlar a bolsa de valores, o tempo, o trânsito no mundo atual, mas é possível controlar nossa resposta a tudo isso. Muita dor emocional é causada por pensamentos. Muitas vezes, ficamos preocupados com coisas que nunca acontecerão, ou irritados com fatos que entendemos mal. Desperdiçamos energia com coisas que não podemos mudar, ou só enxergamos o lado negativo de uma situação. A meditação ajuda a mudar esse quadro, neutralizando pensamentos ao dispersá-los. A meditação quebra as obsessões, levando a um mundo maior que si próprio, dando outra perspectiva, em que os problemas parecem menores e mais fáceis de serem controlados.

Meditar significa estar atento, vibrando em cada célula do corpo. É olhar para si mesmo, dando-se importância. A meditação nos ajuda a usar o estresse como nosso aliado, como mola propulsora para adquirirmos o que nos falta. Com ela, acessamos aquilo que estamos precisando: paciência, determinação, coragem, auto-estima, amorosidade, etc. Há uma série de valores a serem desenvolvidos para cada circunstância. É uma experiência única, que combina a perfeita concentração com o completo soltar-se.

Para meditar, é preciso aprender sobre respiração. Se esta não for profunda, fica difícil estar consigo mesmo, interiorizado. Meditação não é uma técnica que se possa aprender. É um crescimento de dentro para fora, um transbordar, um florescimento. Assim como o amor, não pode ser adicionado a você. A meditação é apenas um artifício para torná-lo consciente de seu verdadeiro Eu. Você já nasceu com ele, apenas precisa encontrá-lo dentro de si. Quando uma pessoa conhece o seu verdadeiro Eu, não faz mais parte da massa. Um meditador não pode ser explorado, guiado feito gado. É indivíduo com luz própria, vive de sua própria interioridade, tem idéias próprias e vive de acordo com elas.

Meditação é silêncio, é não-mente. Normalmente, a nossa consciência é como um espelho sujo, repleto de pensamentos que se movem sem parar. Mesmo quando estamos dormindo, a mente está sonhando. Continua com a sua ansiedade. Meditação é o contrário de tudo isso; ela acontece quando colocamos a mente de lado.

Procure criar um espaço para meditação, um cantinho qualquer, onde possa ficar todos os dias, e não o use para mais nada, para manter a vibração. Isso ajudará a criar uma atmosfera especial, para que se aprofunde com mais facilidade. Se possível, medite sempre no mesmo horário. Observe que, se você come sempre na mesma hora, nesse horário o seu corpo pede comida. É assim também com meditação. Isso ajuda muito, mas não é essencial, apenas facilita a criação do hábito. Reserve pelo menos alguns minutos diários para estar com você mesmo, apenas se observando. Compreenda que existe uma força chamada Amor, que pode ser conhecida quando se cria um vácuo mental. Meditação é um prazer, uma brincadeira, uma aventura. Não é essa coisa séria, triste, destinada a pessoas quase mortas, como dizem por aí. Um meditador é brincalhão, relaxado, sabe celebrar a vida.

Medite, permita que entre mais luz na sua vida.

Faça do Amor a sua Própria Qualidade

"O milagre é que, se você medita e aos poucos perde o ego e a personalidade, realizando seu ser real, o amor então virá por si próprio. Você não terá que fazer nada. É um florescimento espontâneo. Mas ele irá florescer apenas em um certo clima, e a esse clima eu chamo de meditação. Em um clima de silêncio, não-mente, não-agitação interior, absoluta clareza, paz e silêncio, subitamente você verá que milhares de flores se abriram em seu interior. E a sua fragrância é o amor. Naturalmente, em primeiro lugar, você amará a si próprio, porque este será o seu primeiro encontro. Primeiro, você se tornará consciente da fragrância que está surgindo em você, da luz que está nascendo em você e da bem-aventurança que está chovendo sobre você. Então, amar será a sua própria natureza. Então, você amará a muitos, você amará a todos.

Na verdade, o que conhecemos em nossa ignorância são apenas relacionamentos, e o que passamos a conhecer quando estamos conscientes não são mais relacionamentos. Não é que eu ame você, mas, sim, eu sou amor.

Você tem que entender a diferença. Quando você diz: "Eu amo você", o que me diz sobre os outros? O que me diz sobre toda a existência? Quanto mais estreito for o meu amor, mais aprisionado. As suas asas são cortadas; não podem voar através do céu e do sol. Não há liberdade; é quase como estar numa gaiola de ouro. A gaiola é bonita, mas o pássaro que está dentro dela não é o mesmo que você vê no céu, abrindo as suas asas.

Assim como o sol irradia luz, não para alguém em particular mas sem endereço, a meditação irradia amor sem endereço. Claro que primeiro ele é sentido dentro de você, para si mesmo, e depois começa a irradiar ao seu redor. Assim, você não amará apenas seres humanos; você amará árvores, pássaros; você simplesmente será amor.

Dê um pouco de tempo a si mesmo, ficando sozinho, silencioso, apenas observando a cena interior da sua mente. Pouco a pouco, os pensamentos desaparecerão e chegará o dia em que sua mente estará tão quieta, tão silenciosa, como se não estivesse ali. Apenas o silêncio... e nesse momento você não estará presente.

Nesse silêncio interior, você encontrará uma nova dimensão da vida. Nessa dimensão, a ganância não existe, a raiva não existe, a violência não existe. Isso é uma nova dimensão, além da mente, onde o amor existe em estado puro, não poluído por nenhuma necessidade fisiológica, onde a compaixão existe sem nenhuma razão...

E surge um profundo desejo de compartilhar todo o tesouro que você descobriu em si mesmo, de gritar dos telhados das casas para as pessoas: 'Vocês não precisam ser mendigos, vocês nasceram imperadores. Têm apenas que descobrir o seu império". E o seu império não é do mundo exterior, o seu império é de sua própria interioridade. Ele está dentro de você esperando que volte para casa. Você tem apenas que descobrir o seu esplendor secreto. A vida pode tornar-se simplesmente uma canção de felicidade. A vida pode ser simplesmente uma dança, uma contínua celebração. Tudo que você tem a fazer é aprender um estilo de vida afirmativo."

"Após a Meia Idade um Céu sem Limites"
Osho, Editora Gente

I — Dança meditativa

Na dança meditativa, você não dança. Ela se faz sozinha, acontece, é um fluir, não um esforço. Você desaparece na dança, esquece que é dançarino, esquece que está dançando; totalmente nela, a dança e você são uma coisa só. Quando isso acontece, os pensamentos se diluem, você flui e expande, você medita.

Escolha um espaço calmo, desligue o telefone e a campainha, certifique-se de que não será interrompido. Diminua a luminosidade do ambiente. Descalço, roupas soltas, esvazie-se de si mesmo. Escolha um som agradável, suave.

E abandone-se na dança. Faça de conta que nunca dançou antes, invente-a. Deixe que o seu corpo crie os movimentos, sem nenhuma censura, nenhum padrão estético, nada premeditado, nenhum gesto ensaiado. A dança nunca existiu. Deixe de lado a mente com seus padrões do que deveria ser uma dança. Todo movimento é aceito como normal e bem-vindo, desde que não cause danos a si mesmo e ao ambiente. Deixe-a fluir por sua própria conta. Você está simplesmente brincando.

Quando acabar, deite-se em silêncio, olhos fechados, fique imóvel por alguns minutos.

Osho, célebre espiritualista contemporâneo, deixou-nos uma meditação muito interessante com o nome de "Nataraj", encontrada em disco, com duração de sessenta e cinco minutos.

No primeiro estágio, por quarenta minutos, você dança como se estivesse possuído, sem controlar os movimentos, totalmente nela. Deixe que o inconsciente domine por completo os movimentos. Mergulhe na dança, de olhos fechados, ou semicerrados.

Então, deite e presenteie-se com vinte minutos de silêncio, imóvel, com a barriga para cima, consciente. Nessa fase, não há música.

Agora, levante. Por mais cinco minutos, dance e celebre com a música suave dessa fase. Deixe acontecer simplesmente, brinque com a sua energia vital.

Dança Meditativa

2 — Meditação: Eu Sou

A meditação é um ótimo método para aprender a experimentar a nossa real identidade. Nessa identidade, está a força, a segurança, a confiança. Nossa auto-imagem pode ser construída por pensamentos dirigidos.

Esse exercício estimula os centros energéticos, fortalece o sistema nervoso e trabalha a timidez.

Sente-se confortavelmente. Se usar uma cadeira, deixe as solas dos pés totalmente apoiadas no chão. Coloque a mão esquerda em frente ao coração, a uns dez centímetros de distância, sem tocar o corpo, palma aberta e voltada para si. A direita descansa sobre o joelho do mesmo lado. Mantenha as mãos relaxadas. Coluna reta.

Em voz alta diga: "Eu Sou. Eu Sou". E afaste a mão quatro centímetros, mais ou menos. Começa de novo: "Eu Sou. Eu Sou". Agora, separando a mão uns vinte e cinco centímetros do peito. Inale e volte a mão para a postura inicial.

Os olhos estão quase fechados. Visualize que o ar entra pelo Terceiro Olho, o centro energético frontal que fica entre as sobrancelhas, um pouquinho acima. E, quando o alento sair, veja-o como uma nuvem rosada, saindo pelo vértice da cabeça.

Repita esse exercício por onze minutos, com um ritmo constante.

Finalizando, abaixe a mão e relaxe, ainda ouvindo o "eco": "Eu Sou. Eu Sou..." Fique dentro dessa tranqüila identidade.

3 — Meditação antidepressiva — sincronia cerebral

Sente-se com a coluna reta. Em cada mão, o dedo indicador toca a ponta do polegar. Mantenha os braços paralelos ao chão e as palmas voltadas para fora. Monte "óculos" em frente aos olhos, de tal forma que os indicadores e polegares das duas mãos se toquem. Abra bem os olhos e fixe o horizonte através deles.

Inspire profundamente e separe as mãos, levando uma para cada lado. Devagarinho. Exalando, retorne à postura anterior, voltando a montar os "óculos". Os olhos são mantidos fixos o tempo todo. Mantenha os cotovelos e os ombros relaxados, soltos. Continue por três minutos.

Potencialize o exercício com o mantra: SA TA NA MA.
Quando inspirar, vibre mentalmente: SA.
Exalando e abrindo os braços: TA.
Inspirando, novamente montando "óculos": NA.
Exalando, abrindo os braços: MA.

Termine focalizando a sua energia no ápice do crânio, relaxando completamente.

Essa meditação ajuda a ser mais positivo, a ter mais criatividade. Ela se focaliza na respiração. Para o subconsciente, respiração e vida são a mesma coisa. Dessa forma, a depressão pode ser aliviada. Haverá uma grande pressão sobre as glândulas linfáticas. Os dois lados do cérebro estarão coordenados. Esse exercício recoordenará as funções cerebrais, sendo muito indicado para pessoas que fizeram uso prolongado de drogas e que, por isso, costumam ter lacuna de motivação, depressão, alienação e desconcentração periódica. As pessoas que, em alguma fase de suas vidas, usaram drogas têm os hemisférios cerebrais confusos e, mesmo anos depois da abstinência do vício, precisam reajustar seus corpos com uma dieta rica em beterrabas e bananas. Esse exercício coordenará também as funções cerebrais.

Aumente vagarosamente o tempo dessa meditação para trinta e um minutos, sempre relaxando por um tempo equivalente, quando terminar.

Meditação Antidepressiva

4 — Exercícios meditativos para reverter estados depressivos

São muito simples, podendo ser feitos por qualquer pessoa.

A depressão talvez seja uma oportunidade para olharmos profundamente dentro de nós mesmos. Medo, ansiedade: aceite esses sentimentos e não lute contra eles. "Abrace-os." Trate-se generosamente, esteja presente com você. Aceite-se com esses sentimentos de tristeza e depressão, não importando a forma como eles se apresentam. Centre-se em si mesmo, com respiração profunda, longa e serena.

Mais detalhes a respeito dos mantras usados nesses exercícios podem ser encontrados em outro capítulo deste livro. Veja no Índice.

1) Sentado, com a coluna reta, estenda os braços à frente, paralelos ao chão. Feche a mão direita e envolva-a com a esquerda. Os polegares permanecem juntos, lado a lado, retos, voltados para cima.

Respire devagar e profundamente, olhando para os polegares, sem desviar a atenção deles. Comece com três minutos e vá prolongando até onze, aumentando o tempo lentamente.

Se praticá-lo corretamente, você se recarregará totalmente.

2) Combatendo a sensação de vazio interior, mesmo nas depressões mais profundas, use esta meditação:

Confortavelmente sentado com a coluna reta, junte as costas das mãos em frente ao peito, na altura que fica entre a garganta e o coração. Os nós dos dedos precisam estar encostados uns nos outros. Procure deixar os braços paralelos ao chão. Os polegares apontam para baixo. Haverá uma grande tensão nas costas das mãos.

Mantenha-se olhando a ponta do nariz. Respire profundamente, entoando o mantra WARRE GURU (pronúncia: uárre guru), enquanto solta o ar. Com a prática, conseguirá entoá-lo 16 vezes.

Inspire novamente e repita-o, mantendo esse exercício por onze minutos, se possível. Uma forma de fazer a contagem, sem perder a atenção no mantra, é imaginar que ele está escrito em quatro linhas, cada linha com quatro mantras. E que você o está lendo:

WARRE GURU	WARRE GURU	WARRE GURU	WARRE GURU
WARRE GURU	WARRE GURU	WARRE GURU	WARRE GURU
WARRE GURU	WARRE GURU	WARRE GURU	WARRE GURU
WARRE GURU	WARRE GURU	WARRE GURU	WARRE GURU

3) Para um relaxamento profundo, estenda a mão esquerda na frente do coração, dedos voltados à frente. Cubra-a com a palma da mão direita. Feche os dedos de modo que o polegar esquerdo apóie na palma da mão dircita.

Olhos fechados, inspire profundamente e exale de forma lenta, enquanto entoa o mantra SAT NAM prolongando ao máximo a primeira palavra: saaaaaaat nam.

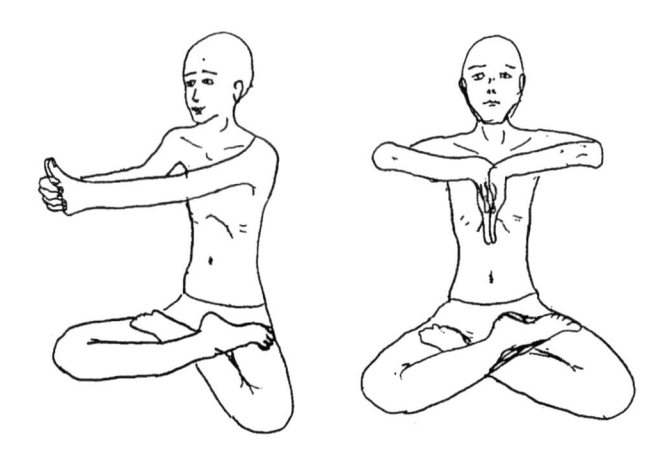

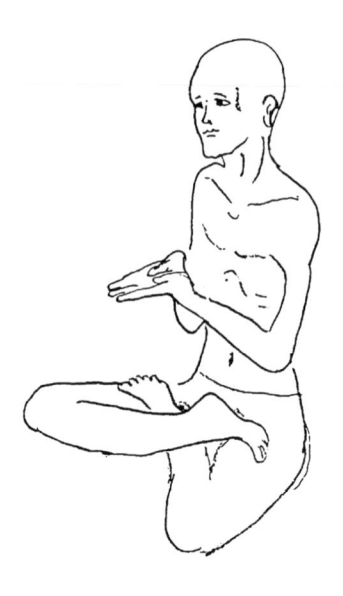

5 — Para clarear emoções do passado e aliviar estresse

Em frente ao peito, una as pontas dos dedos de uma mão com as da outra, deixando um espaço entre as palmas. Os dedos apontam para cima. Olhe a ponta do nariz.

Procure respirar quatro vezes por minuto, inspirando por cinco segundos, retendo o ar por um tempo igual e exalando também por cinco segundos. Continue até que fique aliviado do estresse, em média onze minutos.

Essa meditação é útil para manejar bem as recordações dolorosas do passado, fobias, medos e neuroses, e tratar de situações difíceis do presente.

6 — Meditação das sete ondas

Sente-se confortavelmente, as mãos em postura de oração na frente do peito, polegares tocando o corpo, olhos fechados, atento num ponto que fica entre as sobrancelhas, um pouquinho acima.

Inspire profundamente, entoando o mantra SAT em seis ondas. A sétima onda será o mantra NAM. Essas ondas serão passadas pelos centros de força do corpo, chamados chacras, da seguinte forma:

Comece a inspirar com atenção na base da coluna vertebral. Vá contraindo cada parte mencionada e esteja sempre atento ao mantra SAT.

A próxima área fica acima dos órgãos sexuais. Em seguida, é o ponto do umbigo.

Depois, o coração. Em quinto lugar, vem a garganta; em seguida, o centro da testa.

A essa altura, todas essas partes estarão contraídas e a inspiração estará concluída.

Expire, relaxando de uma só vez o corpo, entoando o mantra NAM. Sua atenção estará voltada para o topo da cabeça.

Portanto, SAT é um som prolongado: "SAAAAAAAT."

NAM é um som curto.

Pratique essa meditação pelo menos por quinze minutos. Vá estendendo até trinta e um minutos por dia. Sua mente ficará limpa.

Os padrões de hábitos da mente subconsciente serão mudados, você ficará aberto a experiências novas. Esse exercício é muito usado para limpar os efeitos de um dia atribulado. Traz muita calma e relaxamento.

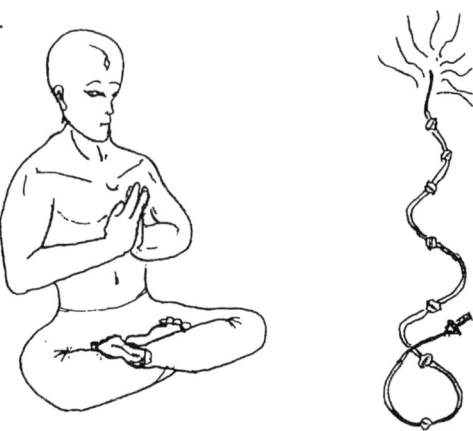

7 — Meditação Wha Guru

Sente-se confortavelmente, mantendo a coluna reta, olhando a ponta do nariz. Movimente a cabeça de um lado para o outro, levando o queixo de ombro a ombro. Quando girar para a esquerda, entoe o mantra WHA, indo para a direita, cante GURU.

Continue de onze a trinta e um minutos.

Finalize inspirando fundo e imediatamente medite no Terceiro Olho, levando sua atenção para um ponto que fica entre as sobrancelhas, um centímetro acima.

Esse exercício meditativo tão simples trará muita calma para a mente. Estabelecendo-se no subconsciente, traz a experiência do divino, do êxtase.

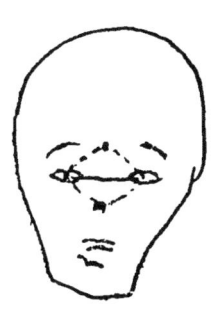

8 — Eliminando pensamentos indesejáveis

Sente-se em postura fácil. Coloque a mão direita dentro da esquerda, os dedos cruzados, formando uma concha. Coloque-a em frente ao coração.

Fique olhando para essa concha, inspirando pelo nariz e exalando pela boca franzida. Respiração profunda, mantendo os olhos nas mãos.

A expiração acontece como se você "cuspisse" nas palmas, com um movimento seco e longo. Traga um pensamento de que você não goste e jogue-o fora em cada expiração. Inspire o pensamento indesejável e expire-o junto com o ar que se vai. Continue por onze minutos.

Para terminar, inspire profundamente, expire, e com os olhos fechados concentre-se na coluna vertebral, descendo do topo até a base, sentindo todas as vértebras. Sinta que tem uma coluna, que ela está viva. Quando puder sentir a coluna como um bastão em suas mãos, ocorrerá um fluxo de energia e conforto.

Essa série liberta a imagem de pensamentos negativos persistentes. Quando esses pensamentos são eliminados, os pensamentos positivos podem manifestar-se sem interferência.

Com tecnologia apropriada de auto-hipnose, pode-se ajustar o padrão dos fluxos de pensamentos de uma pessoa. Essa meditação trabalha sobre a energia prânica da aura e altera uma área particular do cérebro. Essa região é conhecida como "área de conflitos da personalidade". Para localizá-la, traçamos uma linha imaginária da testa até a nuca, bem no centro da cabeça. Ela encontra-se um terço para cima da base do crânio, ou dois terços a partir da testa para baixo.

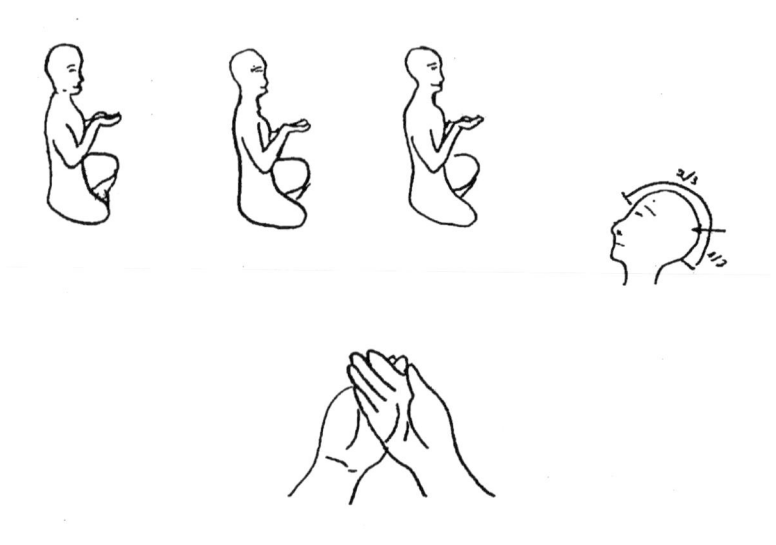

9 — Meditação Sat Krya

Essa é uma prática iogue que trabalha todos os níveis do ser. É um estimulante direto da energia kundalini, para ativar a reserva de energia que está guardada perto do terceiro chacra, na região do umbigo.

Excelente para pessoas problemáticas, desajustadas. Desenvolve a paciência, acalma problemas emocionais, canaliza energia criativa. Combate a preguiça e a negatividade.

Fortalece as energias sexuais, trabalhando também as fobias relacionadas com essa área. Permite o controle do impulso sexual insistente, recanalizando essa energia para atividades curativas do corpo. É de grande ajuda para homens impotentes.

As pessoas que fizeram uso de drogas sentem muito desconforto durante o exercício, pois o organismo começa a se desintoxicar e isso é desagradável. Uma razão a mais para perseverar.

Essa meditação traz alívio para problemas digestivos. A saúde física geral melhora, pois os órgãos internos recebem uma massagem suave a partir desse exercício.

A subida e descida rítmica da pressão sangüínea, gerada pelo movimento bombeador do umbigo, fortalece o coração.

E, naturalmente, é uma ótima arma contra o estresse, pois gera calor no sistema nervoso, abrindo canais para a energia fluir para cima.

Iniciantes fazem no máximo três minutos por dia. Aos poucos, ir estendendo a prática até trinta e um minutos. Não tente queimar etapas por se considerar forte, ou porque já pratica ginástica, ou por querer resultados muito rápidos. Respeite a técnica, deixando-a preparar o terreno do seu corpo apropriadamente. Embora muito simples, não é apenas um exercício físico; ele trabalha sobre todos os níveis do seu ser, de forma muito profunda. Forçando demasiadamente o corpo, poderá criar um bloqueio que atrapalhará bastante a incorporação dos benefícios na sua psique. Faça-o diariamente, com constância, paciência, moderação. Bom senso e não-violência são leis na Ioga.

Mantenha a coluna vertebral reta. O corpo fica parado, os ombros não se levantam, nem mexa a pélvis, ficando os movimentos restritos à barriga, que estará bombeando, e aos braços, numa leve extensão para cima e para baixo quando o peito se levanta a cada SAT NAM. As ondas nascem na região do umbigo. O ritmo é cadente, constante; fique atento para não a transformar numa corrida. Mantenha o som no mesmo nível. Procure não deixar os cotovelos caírem, mantendo os braços ao lado das orelhas.

Sentado sobre os calcanhares, alongue os braços para cima. Os dedos estão entrelaçados, menos os indicadores, os quais, unidos, apontam para cima, feito antenas. Os polegares ficam cruzados.

Comece a entoar o mantra SAT NAM com ênfase, a partir do ponto do umbigo. Quando entoar SAT, leve o umbigo para dentro, na direção da coluna. No som NAM, relaxe o abdome. Continue.

Para terminar, inspire, contraia fortemente todos os músculos das nádegas, subindo pela coluna vertebral até os ombros. Mentalmente, deixe que a energia flua até o topo do crânio. Relaxe o dobro do tempo usado na meditação. Por exemplo, se praticou o exercício por três minutos, descanse por seis minutos no mínimo, antes de recomeçar suas atividades habituais. É muito importante que não esqueça esse detalhe.

Para outras informações acerca do mantra, procure no Índice.

Sat Kar Tar — Um exercício de pronto-socorro

Esse exercício é considerado, pelos iogues, como remédio de pronto-socorro, sendo usado nas mais diferentes situações em que se apresentam. Com ele, trabalhamos os sistemas imunológico, linfático e cerebral. Se alguma coisa não vai bem, se está desanimado, ansioso, triste, etc., alguns minutos dessa prática fazem milagre. E é tão simples.

O centro das mãos é muito importante por estar ligado ao centro do coração. Nesse exercício, usamos três movimentos que se sucedem, sempre batendo uma mão na outra para acionar esses pontos meridianos.

Quando entoamos SAT, esticamos os braços para a frente e batemos palma, deixando-os paralelos com o chão.

Em seguida, erguemos os braços deixando-os ao lado das orelhas e batemos uma palma na outra, usando o som KAR. A pronúncia do **r** é semelhante à usada no interior paulista e não como o pronunciam os cariocas.

No último movimento, os braços descem e batem naturalmente nas laterais das coxas enquanto usamos a partícula TAR, também com o som "carregado", como o anterior.

Esse exercício é repetido continuamente por alguns minutos, voltando do terceiro movimento para o primeiro. Finalizando, relaxe por alguns minutos, respirando profundamente e, só então, volte para a lida diária.

Numa variação desse exercício, também com ótimos resultados, os movimentos são diferentes.

Quando entoa SAT, as palmas são unidas na frente do peito, com os braços flexionados.

Em KAR, os braços se alongam na frente do corpo, as palmas ficam voltadas à frente, como empurrando alguma coisa.

Então, os braços vão para os lados, mantendo as mãos levantadas na mesma posição, ficando com os braços em posição de cruz. É como se você estivesse segurando duas paredes para que elas não se fechem, prensando-o no meio. Nesse último estágio, use a partícula do mantra TAR.

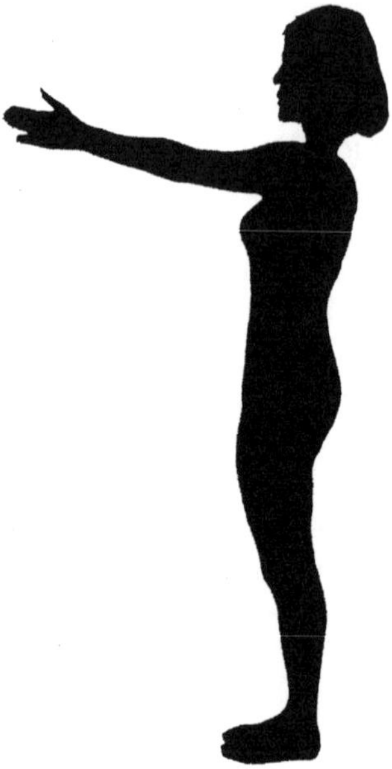

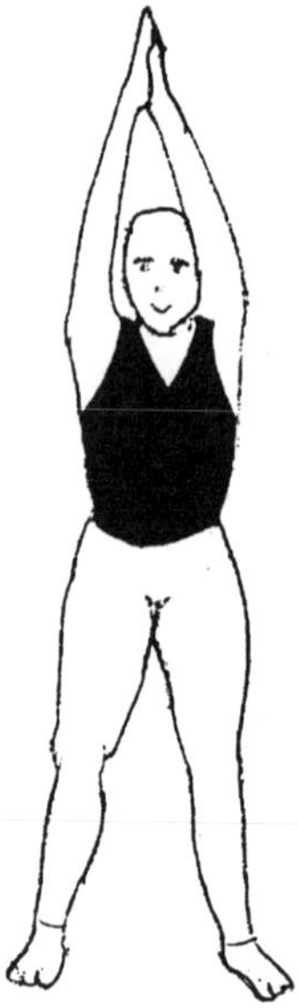

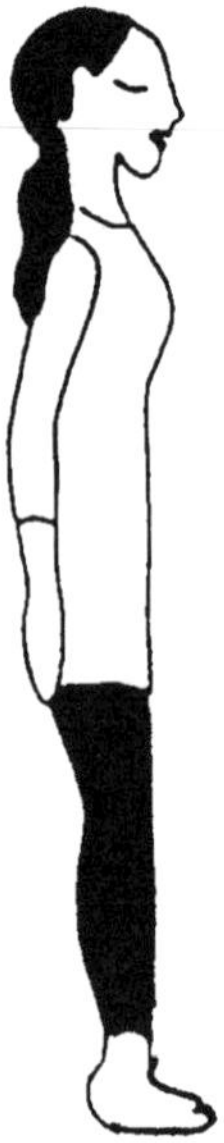

Exercícios

Para ir além do estresse e da dualidade

Sente-se em postura fácil, com a coluna reta, relaxadamente.

Leve as mãos à frente do coração, deixando os braços paralelos com o chão. Separe todos os dedos e junte as pontas dos dedos de uma mão com as da outra, criando uma pressão nas primeiras partes de cada um. Os polegares apontam para o peito. Os demais dedos estão ligeiramente curvados pela pressão. As palmas estão separadas. Fixe os olhos na ponta do nariz.

Inale suave e profundamente pelo nariz.

Exale pela boca, com ênfase, repartindo a expiração em oito partes iguais. Em cada exalação, encolha um pouco o umbigo.

Continue por três minutos. Depois, inale profundamente, retenha o ar por dez segundos e exale. Chacoalhe as mãos, relaxe.

Nessa meditação, pressiona-se os dez pontos radiantes dos dedos, que se correlacionam com os dois hemisférios do cérebro. A pressão eqüitativa causa comunicação e coordenação entre os dois lados. A inalação profunda traz paciência e serenidade. A exalação através da boca, nesse caso, fortalece o sistema parassimpático, e isso acalma as reações do estresse. Os tempos da exalação estimulam a pituitária. Esta meditação resolve muitos conflitos internos, de ordem física e mental.

Obs.: apenas pessoas que praticam seriamente a Kundalini Yoga podem estender essa meditação por mais tempo, indo além de onze minutos.

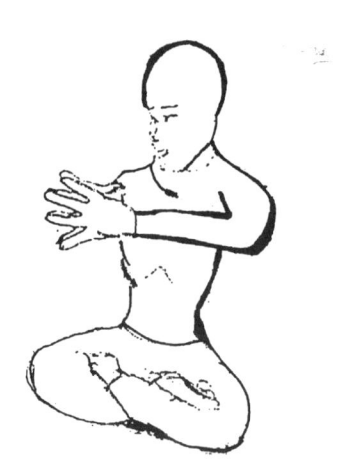

Técnicas para combater a fadiga

1 — Posição da vitória

Sente-se sobre os calcanhares, os braços esticados para os lados, formando ângulos de sessenta graus. O polegar fica esticado, os outros dedos dobrados sobre as saliências das palmas das mãos. Os cotovelos são mantidos retos. Língua esticada para fora, boca aberta. Respire em silêncio, bombeando o umbigo para dentro e para fora, por três minutos.

Fim: inale e segure o ar enquanto bombeia o umbigo, com os braços esticados para fora ao máximo. Repita mais duas vezes.

2 — Posição da cobra

Coloque-se em postura de cobra, pernas unidas e retas, tronco erguido, apoiado nas mãos, braços esticados. Língua ao máximo para fora. Faça respirações rápidas, por um minuto, bombeando a barriga.

Inspire então profundamente. Segure o ar. Sente-se. Estique os braços para cima e expire.

3 — Posição do feto

Por cinco minutos, descanse na postura de feto, permitindo que o seu cérebro seja muito irrigado. A cabeça fica apoiada perto dos joelhos, mas, se isso traz desconforto, afaste-a um pouco, ficando numa postura semelhante à da prece dos muçulmanos. Com isso, melhoram-se todas as faculdades mentais, além de relaxar o corpo e a mente a tal ponto que o deixa capacitado a trabalhar além da sua cota normal. Essa técnica combate estresse, melhora a qualidade da pele do rosto e dá mais brilho aos olhos.

Para terminar, erga a cabeça em câmara lenta, para evitar tontura.

Alguns modelos de catarse

Se nos sentimos como panela de pressão, pronta para explodir, o que fazer para liberar essa energia bloqueada, que causa danos internos tão graves?

Podemos liberar com catarse, exercícios drásticos, profundos. É como "fazer faxina", liberando lixos antigos que estão guardados lá nas profundezas, no inconsciente, incomodando de forma latente.

Alguns exemplos:

I — Meditação Kundalini

A Meditação Kundalini, de Osho, célebre existencialista de nossos tempos, reflete a sabedoria das tradições antigas e as descobertas da Psicologia contemporânea.

Sua duração é de uma hora e é indicada para a tarde. De efeito extraordinário, simples de se fazer, vale a pena ser experimentada.

Ela move energias muito potentes dentro da pessoa. Faça-a com os olhos fechados ou quase.

Essa meditação pode ser encontrada em disco e está dividida em quatro estágios de quinze minutos:

No primeiro, você deixa o seu corpo chacoalhar, sentindo a energia subindo a partir dos pés. Solte todas as partes do seu corpo, numa entrega total, sem se esforçar.

No segundo estágio, deixe que seu corpo se movimente como quiser, criando uma dança. Você não dança, mas é a própria dança. Sem planejamento, sem executar passos apreendidos; é apenas um fluir, livre e solto.

No próximo estágio fique completamente imóvel, observando-se, vendo o que está acontecendo dentro de você. Pode estar em pé ou sentado. A posição é escolhida na hora e não antecipadamente.

E, por fim, você se deita, completamente abandonado, permanecendo assim por mais quinze minutos.

2 — Gibberish

Essa técnica catártica consiste em falar de uma forma intensa e enfática uma língua que não tem nenhum sentido para nós. É falar uma língua que não existe, permitindo que o corpo gesticule e movimente-se à vontade. Expresse tudo que tem para expressar. Ponha tudo para fora. Não permita que aconteçam espaços vazios. Se as "palavras" somem, imediatamente comece a falar: blá, blá, blá... Deixe de ser "morno", fique "quente".

Esteja consciente, atento, testemunhando tudo o que está se passando com os seus sons, emoções, gestos, pensamentos. A ordem aqui é jogar fora todo o lixo acumulado. É melhor manter os olhos fechados, ou quase, para não esbarrar nas coisas.

Então, deite-se com a barriga para baixo e sinta-se em plena interação com a Mãe Terra, dilua-se com ela.

Você pode praticar de um minuto a uma hora. É muito importante reservar o mesmo tempo que gastou falando para se deixar imóvel e em silêncio. Se fez dois minutos de *gibberish*, relaxe completamente por dois minutos, deitado ou sentado com a coluna reta.

O gibberish nos deixa leves, descarregados das impurezas que normalmente carregamos, mais abertos, mais espontâneos, mais verdadeiros. É uma das técnicas mais potentes, pode ser feita a qualquer

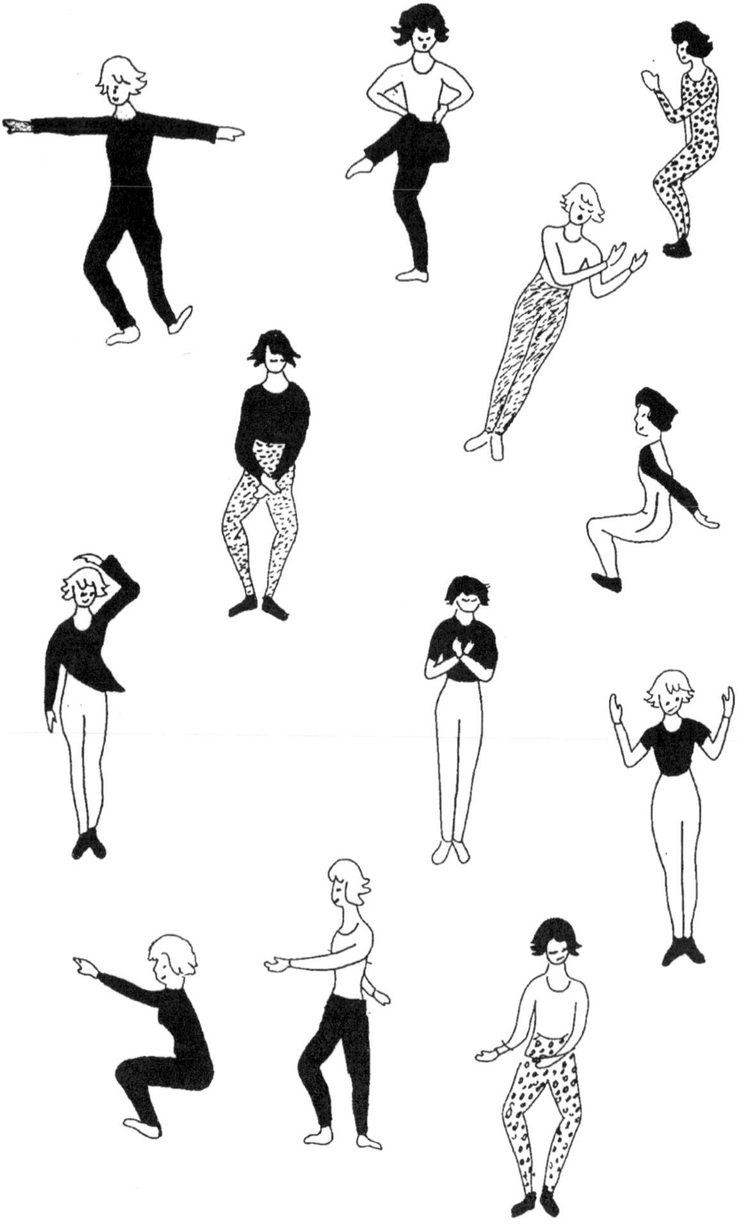

hora e, naturalmente, quanto mais nos aprofundamos nela, maior o benefício alcançado.

Para fortalecer o coração

Esse exercício relaxa a área do coração, estimulando os nervos que vão desde as pontas dos dedos, passando pelas mãos, braços, peito, indo para esse órgão. Se mantiver a posição pelo tempo estabelecido, os músculos do coração ficarão estendidos e haverá uma limpeza geral em todo o dorso devido à atividade estimulada no sistema linfático.

Estando os músculos dos ombros isometricamente flexionados, uma onda de relaxamento fluirá quando abaixar os braços. Toda a tensão é eliminada na parte superior do corpo.

Um bom exercício para cardíacos, que imediatamente se sentirão ligeiros e leves.

Duração: um a três minutos.

Sente-se no chão, com as pernas cruzadas, confortavelmente. Coluna bem reta. Se preferir usar uma cadeira, mantenha as solas dos pés no chão, sem cruzar as pernas, coluna reta. Olhos fechados.

Levante os braços a mais ou menos sessenta graus, mantendo os cotovelos retos, as palmas das mãos voltadas para cima, dedos estendidos. Respiração lenta e profunda, só pelas narinas. Procure manter-se nessa postura de um a três minutos.

Se for muito difícil, faça o que for possível e vá aumentando gradativamente, cada vez um pouquinho mais, até atingir a meta.

Inale profundamente, para finalizar o exercício. Retenha o ar por dez segundos. Exale, relaxe os braços. Fique pelo menos mais um minuto sentado, com os olhos fechados, sentindo a grande calma conquistada.

Durante o tempo do exercício, muitos pensamentos aparecerão em sua mente. Deixe-os passar, como um filme desinteressante, sem se ater a eles. Mesmo aqueles do tipo "abaixe os braços, você vai morrer se ficar mais um segundo com os braços para cima". Responda que nunca ouviu falar que alguém morreu porque ficou assim. E deixe o pensamento passar, mantenha os braços firmes. Lembre-se de um bambu. A primeira dificuldade encontrada é como um nó do bambu. Vencida essa barreira, surgirá uma parte de fácil execução no exercício, que corresponde à parte lisa do bambu. E novamente a dificuldade, um outro nó encontrado, e outra vez se sente o exercício fácil, assim sucessivamente. Assim acontece. É uma alegria vencer os obstáculos e dizer enfim: venci!

Se aparecer tremor nas mãos, ou formigamento, isso é normal. Vem do relaxamento da tensão e da atividade nervosa. Concentre-se na respiração e o incômodo parecerá menor. A cada dia, ficará mais fácil a sua execução e cada vez mais benéfico.

Levantamento das cadeiras (ponte)

Muitas pessoas armazenam tensão crônica no abdome, afetando todos os órgãos que ali se alojam. Estômago, intestinos, pâncreas e fígado perdem a vitalidade e, conseqüentemente, a saúde. Essas pessoas costumam sofrer com úlcera, gastrite, prisão de ventre, etc. Esse exercício alivia o estresse abdominal, trazendo um fluxo imediato de energia. As glândulas tireóides e paratireóides ficam estimuladas e a respiração, mais profunda, relaxando-o profundamente.

Faça-o de doze a dezesseis vezes.

Deite com a barriga para cima e relaxe por um momento. Dobre então as pernas, mantendo os pés no chão, separados. Erga a bacia lentamente, se possível segurando os calcanhares com as mãos. A coluna ficará arcada, levantando o ventre. Enquanto ergue o corpo, inale pelo nariz. Retenha o ar e mantenha-se por um instante com o corpo o mais alto possível. Relaxe lentamente, exalando o ar enquanto abaixa o corpo. Sincronize a respiração com o movimento, erguendo-se sempre que inspira e abaixando-se quando exala. Prestamos mais atenção aos movimentos, se os fazemos com os olhos fechados, evitando distração. Se for necessário, use as mãos para sustentar o corpo que sobe.

Para finalizar, inale e retenha o ar por um instante. Relaxe abaixando lentamente o corpo. Dobre os joelhos puxando-os para o peito. Segure-os com as mãos e faça movimentos rotatórios. Estire as pernas, sentindo então o profundo efeito relaxante.

Não é recomendado durante as primeiras semanas de gravidez. Esse movimento, feito cerca de mil vezes, pode provocar contrações tão fortes, capazes de trazer a menstruação atrasada ou aliviar a prisão de ventre.

Caso sinta dores nesse exercício, não o repita sem antes consultar um médico.

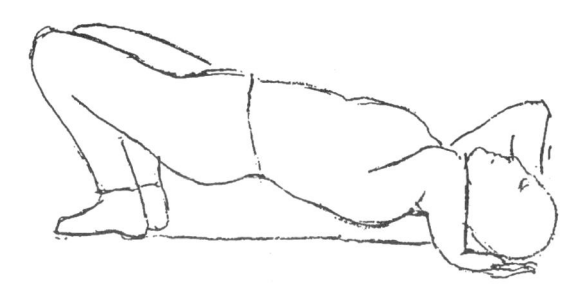

O triângulo

Esse exercício proporciona a imediata saída das frustrações. Quando estiver impaciente, temperamental, experimente fazê-lo de um a três minutos. Relaxando quase todos os músculos principais do corpo, ele traz rapidamente o alívio do estresse. Esse é um grande favor que você faz para si mesmo e para as outras pessoas do seu convívio.

Mantenha-se sobre as mãos e os pés, no piso, formando um triângulo com o seu corpo. Deixe a cabeça relaxada, as mãos separadas uma da outra por mais ou menos sessenta centímetros, assim como os pés. Olhos fechados. O seu peso corpóreo ficará distribuído entre as plantas dos pés (inteirinhas no chão) e as palmas das mãos. Joelhos esticados. Respiração lenta e profunda pelas narinas. Não se importe se o corpo começar a tremer. Para finalizar, inspire profundamente, retenha o ar por um instante, exale e relaxe. Saia lentamente da postura. Finalmente, sente-se com a coluna reta, cabeça no prolongamento do corpo, olhos fechados, por pelo menos dois minutos.

Rotação da cabeça

Os exercícios mais simples são também os mais importantes. Se o pescoço fica duro, a circulação de sangue para o cérebro fica comprometida. Os impulsos nervosos que vão do cérebro para o resto do corpo diminuem. É muito importante relaxar essa parte do corpo, onde se juntam o cérebro e a medula espinhal. Se o pescoço está solto e flexível, sentimos melhor a vida, ficamos menos nervosos, com mais capacidade de responder com êxito às demandas da vida. As funções cerebrais, como memória, atenção, concentração, ficam mais ativadas. Quem tem esse hábito diário evita a senilidade na idade madura.

Com a coluna reta, deixe a cabeça ir para a frente e vá girando-a ao redor do corpo, devagarinho, sentindo o estiramento. Maxilar solto, dentes destravados, tudo relaxado, como se o seu pescoço fosse só um barbantinho que não deixa a cabeça cair no chão. Depois, gire-a pelo outro lado. Inspire quando a cabeça estiver atrás, expire quando o queixo tocar o peito. Repita o exercício doze vezes de cada lado.

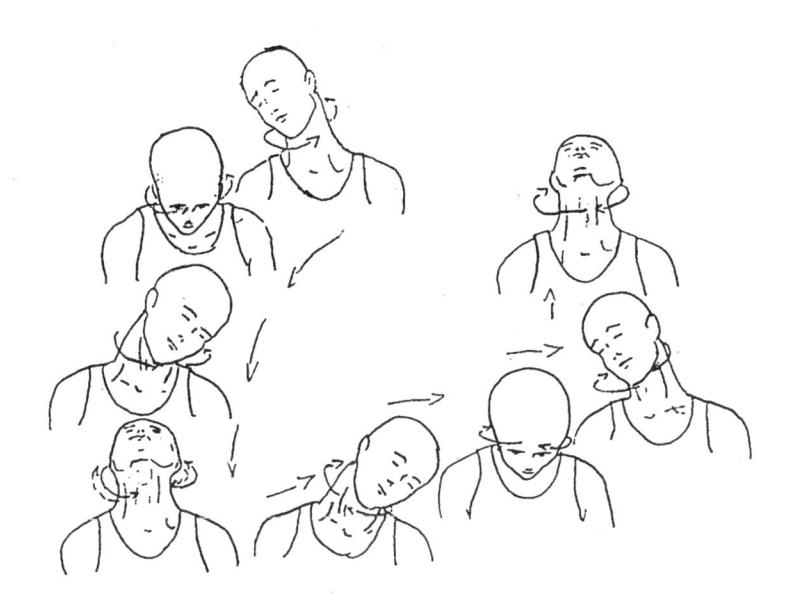

Reduza a tensão com automassagem

Sente-se confortavelmente, num lugar sossegado, agradável. Antes, desligue o telefone e a campainha. Avise as pessoas da casa de que gostaria de não ser incomodado enquanto estiver se tratando. Se possível, coloque uma música suave, relaxante. Veja se a luminosidade está excessiva. Crie um ambiente favorável.

Comece esfregando as palmas das mãos, uma contra a outra, e em seguida o dorso delas. Entrelace os dedos e estique-os lentamente, afastando-os sob resistência. Esfregue todos eles. Bata as pontas dos dedos nos pulsos.

Com o polegar, faça uma massagem suave por uns sete minutos, na testa, do topo do nariz para cima, até onde começam os cabelos. Suba e desça, lentamente.

Usando as duas mãos, massageie as faces em movimentos circulares.

Com elas espalmadas, bata nas laterais e na parte de trás da cabeça, suavemente.

Massageie gentilmente as têmporas com os dedos indicador e médio, juntos e esticados. Mantenha os outros dobrados.

Pressione uma palma da mão contra a outra por alguns minutos.

Junte as pontas dos dedos de uma mão contra as da outra. Mantenha-os pressionados.

Esfregue suave e profundamente a nuca, o rosto, os pulsos, as orelhas.

Massageie o lado de dentro da "batata" de cada perna e a parte externa dos tornozelos. Com as mãos espalmadas, bata nas coxas.

Com a mão direita, gire os dedos do pé esquerdo, muitas vezes, em ambos os sentidos. Trabalhe o dorso e a sola do pé, até que este se aqueça, por meio de tapinhas, murrinhos delicados, apertões, pressão com os dedos, etc. Faça o mesmo com o outro pé, usando a mão esquerda.

Tudo com muito carinho e respeito pelo seu corpo, sem machucá-lo, sem agressividade, conhecendo-o e aprendendo a lidar com ele.

Então deite, espreguice e relaxe por algum tempo, antes de voltar às atividades habituais.

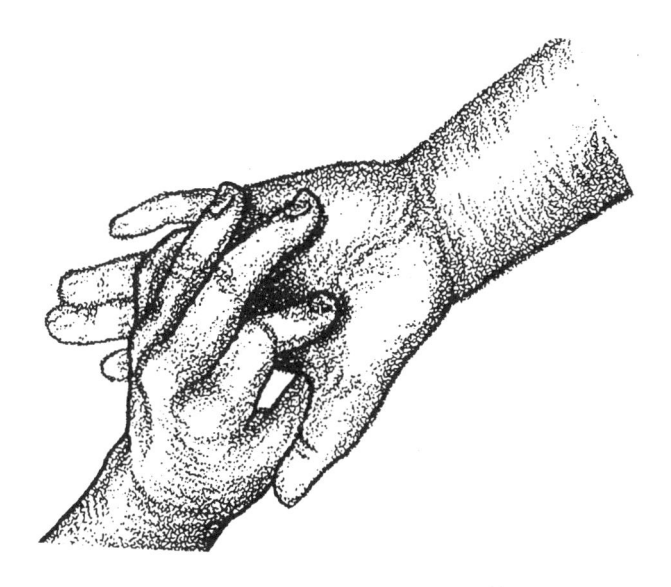

Massagem nos pés, a melhor massagem de cura

Essa massagem, ou automassagem, pode ser tão efetiva quanto as mais elaboradas técnicas.

Muito simples, comece harmonizando-se mentalmente, focalizando em si mesmo, para sentir o fluxo de energia.

Se for possível, aplique um óleo apropriado nas palmas de suas mãos e espalhe-o sobre a superfície de um pé. É bom começar esfregando uma palma na outra; esse procedimento deve ser repetido durante toda a massagem. Comece então a esfregar a sola, pedacinho por pedacinho, dos dedos até o calcanhar. Faça isso com muito carinho, os movimentos abrindo de dentro para fora. Então, realize o mesmo percurso, agora fazendo pequenos círculos com as pontas dos dedos da mão, sempre no sentido horário, lentamente. Vá aprofundando os movimentos, procurando outros níveis de atuação.

Há muitas manobras a serem utilizadas, como torcer, beliscar, pressionar, bater com as mãos espalmadas, dar murrinhos... Podemos desenvolver muitas variações para estimular os pontos meridianos, como movimentos para baixo e para cima, de um lado para o outro. Pode ser uma esfregada rápida ou um toque suave, ou uma pressão constante e direta. Tudo com suavidade e respeito.

Essas variações de estilo não devem ser pensadas como algo a fazer. É preciso que todo impulso nasça no coração, no amor, no desejo de trazer melhorias.

Você poderá encontrar pontos doloridos durante a massagem. Martele essas áreas com os nozinhos dos dedos das mãos, para alcançar esses pequenos cristais e dissolvê-los. O nível da pressão varia de acordo com a sua resistência ao pequeno desconforto que sentirá quando trabalhar essas áreas. Esfregue essas formações com pressão suficiente para senti-las.

Gire os dedos do pé, fazendo círculos com eles no sentido horário e anti-horário. Mova-os depois como se os estivesse parafusando. Dobre-os gentilmente para cima e para baixo, alongue-os à frente cuidadosamente, sem trancos. Depois, encavale-os, martele suas extremidades com as pontinhas dos dedos das mãos.

Gire o tornozelo, massageie o dorso do pé; termine alisando-o carinhosamente, antes de começar com o outro. Procure dispensar o mesmo tempo para cada um deles. Em dez minutos, consegue-se uma espantosa melhora na circulação. Trinta minutos para cada pé são um tempo razoável, que pode ser alterado para mais ou para menos.

Os pés contêm a imagem do corpo inteiro. Neles, está o "mapa" de todos os órgãos. Esse trabalho trará um reflexo na saúde em geral, aliviando dores em muitos casos, estimulando o sistema linfático, melhorando a tensão acumulada no dia-a-dia.

A aromaterapia pode ser usada com sucesso, aliada à massagem. Lavanda, sândalo, violeta... use a intuição para escolher o mais adequado.

Um bom óleo para massagem pode ser adquirido no comércio, mas você pode produzir o seu, sem grande trabalho.

Coloque germe de trigo em um vidro de boca larga e acrescente óleo de girassol, na proporção de uma xícara para um litro. Tampe e guarde em lugar escuro por sete dias. Se for possível, enterre-o no chão. Nesse caso, é necessário vedar a tampa com parafina derretida, lacrando-o, cuidadosamente.

Findo esse prazo, o óleo é coado. Se quiser, acrescente um pouquinho de essência aromática. Esse produto deixa a pele muito macia, servindo também para solucionar o caso de calcanhares rachados.

Exercícios

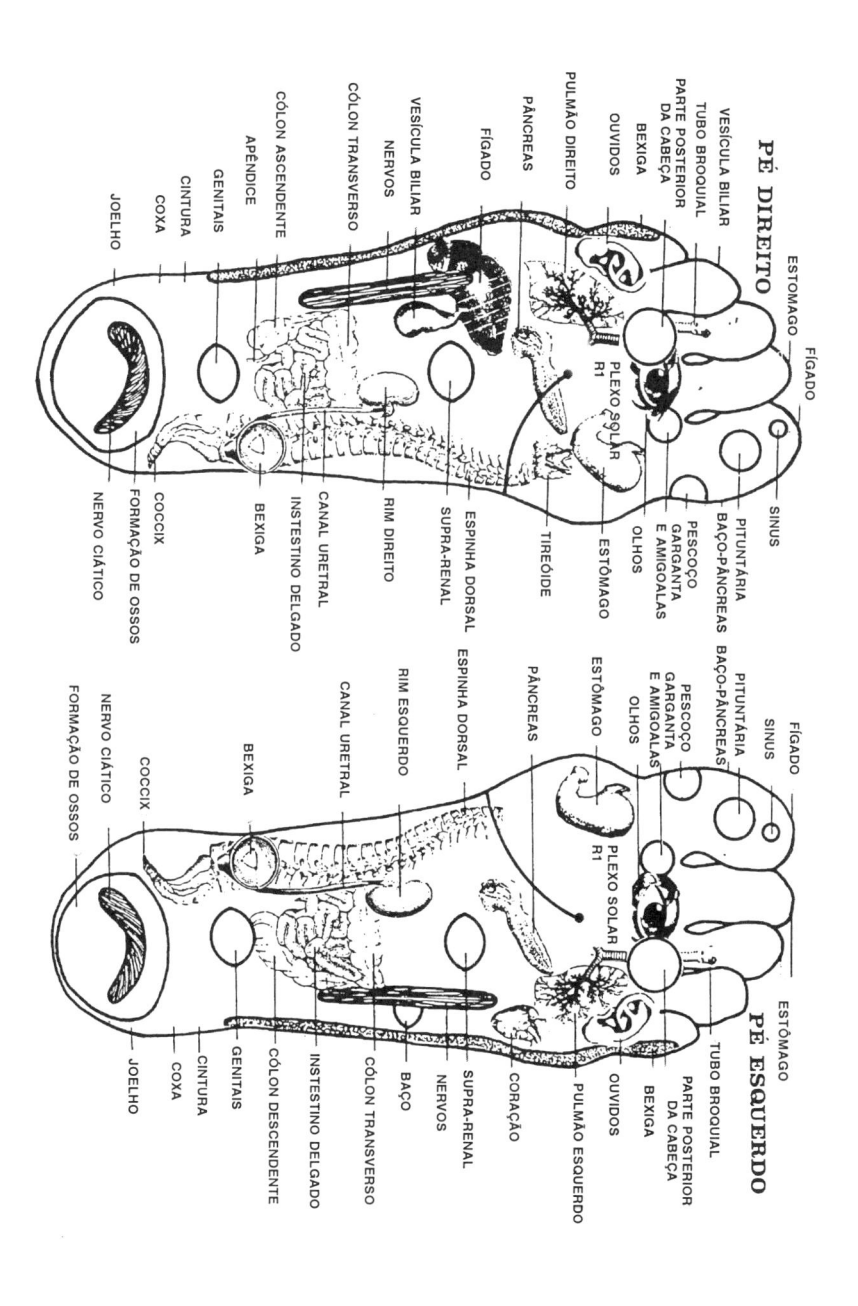

PÉ DIREITO

- VESÍCULA BILIAR
- TUBO BROQUIAL
- PARTE POSTERIOR DA CABEÇA
- BEXIGA
- OUVIDOS
- PULMÃO DIREITO
- PÂNCREAS
- FÍGADO
- VESÍCULA BILIAR
- NERVOS
- CÓLON TRANSVERSO
- CÓLON ASCENDENTE
- APÊNDICE
- GENITAIS
- CINTURA
- COXA
- JOELHO
- ESTÔMAGO
- FÍGADO
- PLEXO SOLAR R1
- SINUS
- PITUNTÁRIA
- BAÇO-PÂNCREAS
- PESCOÇO
- GARGANTA E AMÍGDALAS
- OLHOS
- ESTÔMAGO
- TIREÓIDE
- SUPRA-RENAL
- RIM DIREITO
- ESPINHA DORSAL
- CANAL URETRAL
- INSTESTINO DELGADO
- BEXIGA
- COCCIX
- FORMAÇÃO DE OSSOS
- NERVO CIÁTICO

PÉ ESQUERDO

- ESTÔMAGO
- TUBO BROQUIAL
- PARTE POSTERIOR DA CABEÇA
- BEXIGA
- OUVIDOS
- PULMÃO ESQUERDO
- CORAÇÃO
- SUPRA-RENAL
- NERVOS
- BAÇO
- CÓLON TRANSVERSO
- INSTESTINO DELGADO
- CÓLON DESCENDENTE
- GENITAIS
- CINTURA
- COXA
- JOELHO
- FÍGADO
- SINUS
- PITUNTÁRIA
- BAÇO-PÂNCREAS
- PESCOÇO
- GARGANTA E AMÍGDALAS
- OLHOS
- ESTÔMAGO
- PÂNCREAS
- PLEXO SOLAR R1
- ESPINHA DORSAL
- RIM ESQUERDO
- CANAL URETRAL
- BEXIGA
- COCCIX
- NERVO CIÁTICO
- FORMAÇÃO DE OSSOS

Massagem terapêutica

Uma boa massagem transforma o corpo. Se feita de forma demasiadamente vigorosa, não é apropriada para um corpo que já sofre de excesso de estímulos. Portanto, vá com calma, com carinho, com atenção.

A melhor maneira de começar uma massagem com o objetivo de acalmar alguém é pelas costas, ao longo da coluna, sempre nos lados, nas raízes do sistema nervoso periférico, e não sobre ela.

Relaxando os músculos da coluna, braços e pernas se soltam, assim como o tórax e o abdome. A respiração e a digestão ficam melhores. Se a medula espinhal conduz uma sensação agradável ao cérebro, isso pode ser comunicado a todas as partes do corpo, e o relaxamento será completo.

A massagem é iniciada com pressão suave e vai se aprofundando no decorrer dela. Dê tapinhas leves, com movimentos vibratórios, para fazer os tecidos relaxarem, liberando as substâncias irritantes que permanecem neles, para que as funções normais possam retornar. Pressão profunda pode criar uma resistência que leva os músculos a se contraírem ainda mais.

Ao bater de leve, deixe os pulsos soltos, use as pontas dos dedos. Para fazer vibrar, coloque todas as pontas dos dedos na área, aperte suavemente e mova essa parte sem levantar as mãos.

Trabalhe ao longo de toda a coluna, depois vá para os ombros, ao redor das escápulas e desça pelas costas até as nádegas. Estas também precisam de massagem, pois costumam estar muito rígidas nas ocasiões de ansiedade.

Massagear a nuca também ajuda a alcançar um relaxamento profundo. Alguns nervos parassimpáticos têm suas terminações no couro cabeludo. Massageá-lo estimula os folículos capilares e é extremamente agradável. A forma ideal é o cafuné. Movimentos suaves, apalpamento, puxar madeixas de cabelos com suavidade são boas técnicas.

A essa altura, a respiração estará mais profunda e lenta. Freqüentemente, ouvem-se barulhos no abdome, indicando que os processos digestivos foram retomados.

Então, o massageado se deitará de costas e será orientado a aprofundar mais a respiração, enquanto o tórax, o abdome e os braços serão massageados muito suavemente.

Os braços costumam resistir ao relaxamento. Gire-os com suavidade, assegurando-se de que a pessoa não o está tensionando. Convide a soltá-lo. Levante-o, gire o braço desde os ombros, numa rotação confortável. Alongue-o em todas as direções possíveis. Segurando-o pelo pulso, permita que se mova por inteiro, como que ao sabor da brisa.

Para trabalhar o pescoço, é necessário explicar ao massageado que não tem a intenção de girar-lhe o pescoço bruscamente. Mostre a ele que você agüenta com o peso de sua cabeça, para que ele a solte, pois é muito difícil abandoná-la na mão dos outros. Deslize a mão para baixo do crânio e sustente-o completamente. Levante a cabeça de cinco a seis centímetros. Vire-a vagarosamente de um lado para o outro, descansando-a ora em uma palma, ora em outra. Se a pessoa continuar com o pescoço rígido, convide-a a respirar longa e profundamente, para conseguir que ela se solte.

É preciso soltar-se por dentro. Quando a pessoa estiver relaxada por inteiro, o sistema nervoso autônomo terá começado a se equilibrar.

Entre as pessoas do seu convívio, certamente encontrará um parceiro para a troca de massagem. Sugira a essa pessoa que trabalhe em você, mostrando-se também disponível para lhe fazer o mesmo. Com certeza, serão horas muito proveitosas e agradáveis para ambos.

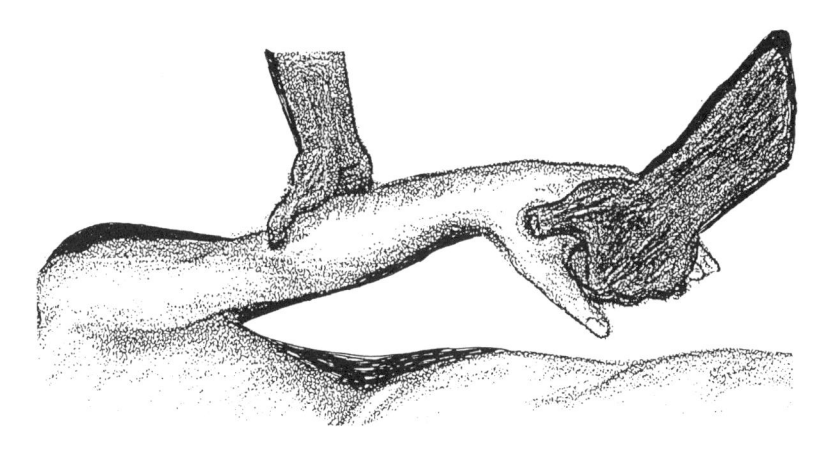

Liberando os esfíncteres

Esfíncteres são músculos em forma de anel, que circundam as aberturas do sistema digestivo, funcionando como válvulas. Estas abrem e fecham sob as ordens do sistema nervoso autônomo, impedindo a passagem de uma parte para outra.

O sistema digestivo fecha-se completamente durante a estimulação do sistema nervoso simpático, enrijecendo a musculatura lisa e fechando os esfíncteres, paralisando tudo. Com isso, não há passagem para o alimento dentro do sistema. Deixamos de receber o alimento e não eliminamos a matéria que precisa ser eliminada.

A digestão voltará ao normal quando o corpo relaxar, quando o sistema nervoso autônomo se desligar e o parassimpático entrar em atividade. Se o corpo permanecer em estado de alta tensão, a digestão ficará cronicamente comprometida.

Movimentar e liberar a tensão dos esfíncteres é uma forma de mostrar ao sistema nervoso parassimpático que ele pode continuar com a sua atividade calmante e normalizadora.

Liberar os esfíncteres, criando primeiro uma tensão máxima neles e depois os relaxando, é um exercício excelente para todos, mas principalmente para portadores de esclerose múltipla, uma doença nervosa que pode levar à perda do controle da bexiga.

Coloque-se em pé, pernas separadas, abertura entre os pés na largura dos quadris, braços soltos ao longo do corpo. Dobre-se lentamente à frente, com o queixo encostado no peito, curvando as costas, uma vértebra de cada vez. Permita que os ombros também caiam e em seguida o dorso. Os braços ficam caídos à frente, pesados, soltos, seguindo o movimento do corpo. Dobre-se até onde for confortável e fique nessa posição por alguns segundos.

Visualize os espaços intervertebrais se alongando. Permita que a musculatura que mantém a coluna ereta relaxe e expanda, dirigindo-a conscientemente para que deixe de trabalhar nesse instante em que não é preciso. Se não houver esse comando, eles continuarão tensos, pois estão acostumados a isso.

Respire profundamente, segure o ar e depois expire devagar. Faça isso repetidas vezes. E depois, sem ar, contraia a região anal o máximo que conseguir. Segure e solte.

Então, também com os pulmões vazios, contraia os esfíncteres da bexiga como se estivesse impedindo a urina de sair. Segure a

contração por alguns segundos, solte, inspire completamente e não solte o ar. Infle as bochechas e alterne: ora infle, ora solte. Continue. Solte o ar e, sem inspirar, contraia o ânus. Perceba então que tem maior controle sobre ele agora. Respire normalmente e vai perceber que a respiração ganhou mais profundidade.
 Volte novamente à posição normal, gradualmente, sem pressa. Imagine que cada vértebra se move separadamente, uma de cada vez. Repita todo o processo o maior número de vezes possível; faça-o todos os dias.
 Esse exercício também é excelente para pessoas que sofreram trauma sexual e que, por essa razão, endurecem inconscientemente os músculos dessa região. A contração pode ser tão poderosa que afeta até a bexiga. Liberar essa tensão vai ajudar a soltar toda a região pélvica. Nas mulheres, vai condicionar também o útero, estimulando-o a relaxar. O enrijecimento inconsciente do ânus, bexiga ou vagina pode enrijecer os músculos das nádegas, costas, abdome e região lombar.
 Esse estresse também acontece a todos nós sempre que temos que adiar a defecação, ou a saída de gases, ou urina até a hora em que seja adequado ou conveniente. Quando sentimos vontade de realizar essas atividades, e por qualquer razão não as realizamos, os esfíncteres se enrijecem automaticamente e permanecem em paralisia parcial até que deixemos de reter o material que precisa sair.
 Esse exercício permite que os esfíncteres contraiam-se e soltem-se completamente, vencendo o estresse, desligando os sinais do sistema nervoso parassimpático. Ele é bom para o sistema nervoso periférico não só por liberar os esfíncteres, mas também porque alonga a coluna, aliviando a pressão sobre os nervos espinhais, que se ramificam a partir da medula espinhal, entre cada par de vértebras. Quando a coluna está tensa, os ossos ficam demasiadamente pertos uns dos outros e pressionam as raízes desses nervos, diminuindo o funcionamento e causando sensações muito dolorosas.
 Uma outra maneira fácil de liberar os esfíncteres:
 Deite-se de costas, com os joelhos dobrados e os pés no chão. Separe os pés na largura dos quadris. Feche os olhos e contraia todos os músculos ao seu redor. Faça o mesmo com as mãos, pondo os polegares para dentro. Contraia a boca ao máximo. Tencione a bexiga e a área genital. Mantenha essas áreas contraídas o máximo que conseguir e então solte tudo de uma só vez.

Em seguida, repita todo o processo ao contrário: arreganhando as mãos e a boca, arregalando os olhos, fazendo uma pressão oposta nos genitais e na bexiga, como se estivesse forçando a saída de urina. Faça o mesmo com o esfíncter anal. Mantenha alguns segundos e depois volte ao normal.

Antes de fazer esse exercício, é preciso que esvazie a bexiga e os intestinos.

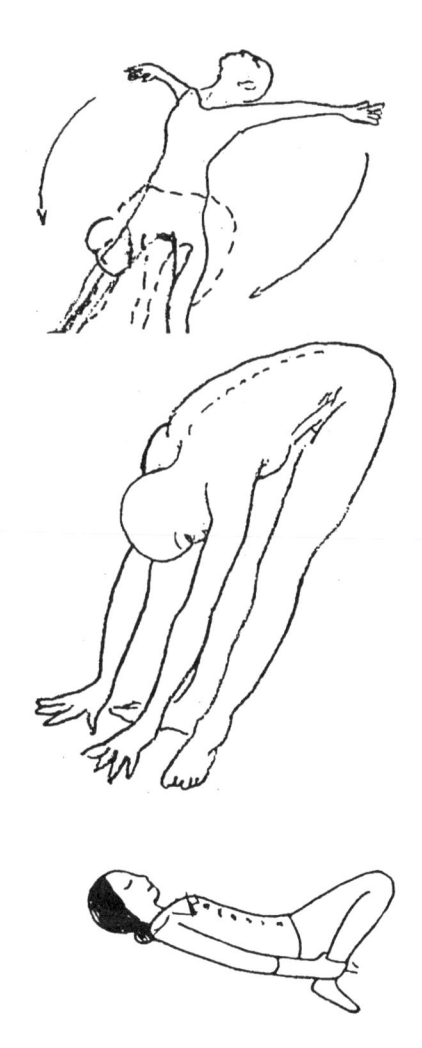

Movimente os olhos; técnicas para sair do estresse

Esses exercícios são efetivos para sair do estresse mental por meio da promoção do fluxo de oxigênio para os tecidos cerebrais e glândulas. Beneficiam as atividades mentais, como concentração, vontade, memória, atenção. E mais: garganta, olhos, dentes e músculos faciais.

Os movimentos são feitos em pé.

1) Olhos abertos, incline a cabeça levemente para trás. Permaneça nessa posição, respirando lenta e profundamente.

2) Coloque as mãos, postas à frente do coração, em atitude de oração. Concentre-se numa respiração lenta e profunda.

3) Pés juntos, cabeça totalmente para trás. Mantenha os olhos abertos. Respiração de fogo (veja Índice) por dois minutos, se for possível. Bom para desenvolver a força de vontade.

4) Focalize os olhos num ponto a um metro de distância, no chão, à frente dos pés. Faça respiração de fogo por dois minutos, se for possível. Esse exercício é indicado para cansaço mental e memória.

5) Aperte o queixo contra o peito. Faça respiração de fogo por dois minutos, aproximadamente. Boa para o desenvolvimento intelectual.

1

142 *Aprendendo a Conviver com o Estresse*

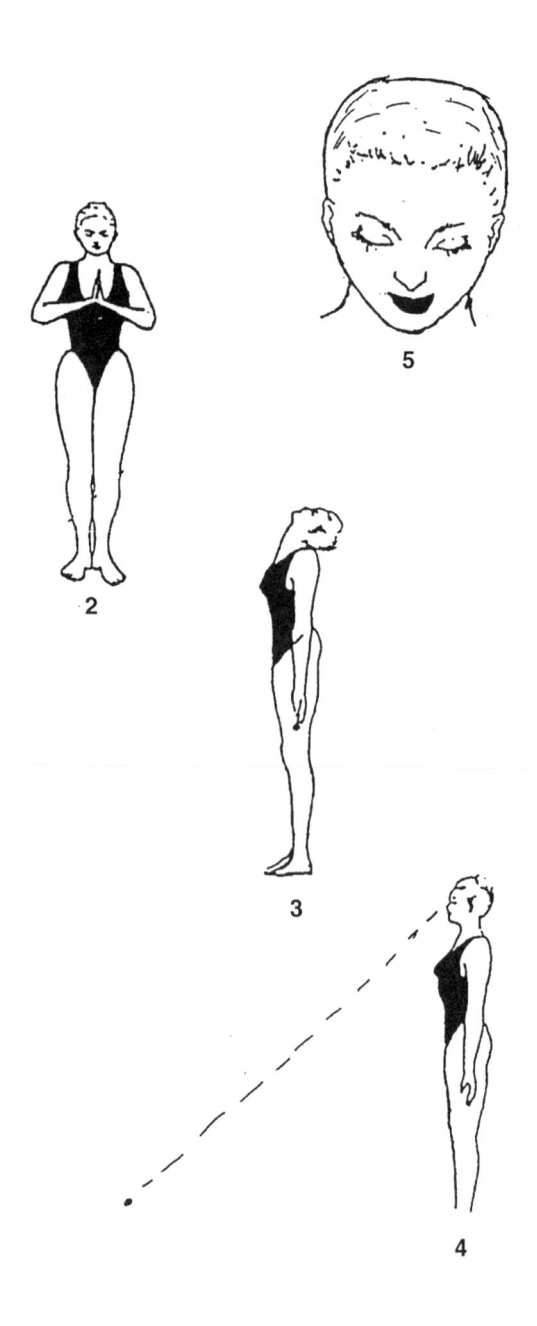

Exercícios que melhoram o humor

Em todos os exercícios indicados a seguir, o tempo pode ser alterado para menos, se ficar muito cansativo. Ir aumentando gradativamente.

1) Sentado, palmas das mãos voltadas para baixo, entrelace os dedos de uma mão com os dedos da outra. Braços paralelos ao chão. Inspire e traga as mãos à altura dos olhos. Expire e abaixe-as à altura do peito. Continue por dois minutos nesse sobe e desce.

2) Sentado. Mãos nos ombros, como asas, com os polegares para trás.

Gire o corpo para a direita e para a esquerda, mantendo a coluna reta e a cabeça no prolongamento do corpo. Inspire indo para a esquerda, expire indo para a direita, por dois minutos.

3) Sentado. Braços acima da cabeça, encostados nas orelhas, palmas das mãos unidas, polegares cruzados. Por dois minutos, fique girando o corpo de um lado para o outro. Inspire e vá para a esquerda, expire e vá para a direita.

4) Sentado, dedos das mãos entrelaçados, braços esticados à frente, com as palmas voltadas para fora. Inspire e traga as mãos na direção do peito. Expire e volte as mãos para a postura anterior. Continue por dois minutos.

5) Sentado no chão, uma perna esticada e a outra dobrada, com o calcanhar na virilha, curve-se para a frente, mantendo a coluna reta. Mantenha-se nessa posição respirando profundamente. Depois, repita com o outro lado. Um minuto de cada lado.

6) Em pé, pernas unidas, braços erguidos acima da cabeça, com as palmas voltadas à frente. Incline o corpo, curvando as costas também à frente, a cabeça entre os braços, as pernas ligeiramente flexionadas. Desça devagarinho e abandone-se nessa posição por dois minutos, como uma roupa molhada no varal. As inclinações desse tipo são particularmente calmantes para a mente e o sistema nervoso.

1

2 **3**

4

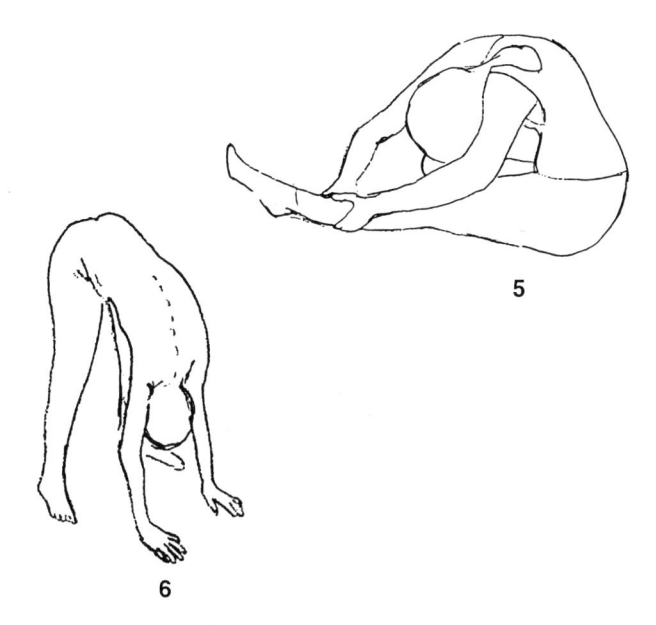

Personalidade, nervos e percepção

Essa série constrói nervos fortes e paciência. Previne miopia física e mental. O corpo e a mente estão integrados. Hábitos mentais e tensão afetam o modo como você vê e contribuem para problemas da visão. Fígado e rins também são beneficiados com essa prática.

1) Sente-se sobre os calcanhares com os braços esticados à frente, paralelos ao solo. Incline-se a vinte graus para trás e fixe os olhos num ponto, procurando não piscar. Fique imóvel por três minutos.

Então, inspire profundamente e relaxe.

2) Sente-se com as pernas esticadas para a frente. Dobre os joelhos. Enlace o esquerdo com as mãos entrelaçadas. Levante a perna direita a sessenta graus.

Fixe o olhar num ponto distante, por dois minutos. Costas retas, respiração lenta e profunda. Inspire, retenha o ar e exale.

Repita com a outra perna. Relaxe.

3) Sente-se com a coluna reta, as mãos no solo, perto dos quadris. Pressione a ponta dos pés para a frente e levante o corpo do chão. O peso fica distribuído entre mãos e calcanhares.

4) Sentado na mesma posição, coloque as palmas juntas sobre a cabeça, deixando os braços ao lado das orelhas. Estique-se o quanto for possível para o alto.
Inspire, retenha o ar enquanto for possível, exale e relaxe-se deitado sobre as costas.

Para estimular o sistema nervoso central e a glândula pituitária

OBSERVAÇÃO IMPORTANTE: após os próximos exercícios, não ingira café ou bebida alcoólica; não se estimule de modo nenhum. É melhor descansar, guardando a energia criada para curar o seu corpo.

1) Sente-se em postura fácil, com as mãos um pouco acima do nível dos ombros. Os dedos indicadores retos apontando para cima. Os outros dedos ficam dobrados e o polegar em cima deles. Os indicadores ficam rígidos como dedos de aço. Franza o nariz de modo que o lábio superior permaneça acima dos dentes.

Comece uma respiração poderosa pelo nariz; não precisa ser rápida. Concentre-se na respiração por quatro minutos.

2) Sente-se em postura fácil, as mãos encurvadas como se fossem garras de leão, as palmas voltadas para fora. Dê socos no ar com as mãos em garras, tornando-se física e mentalmente agressivo. Com os lábios, faça um O. Inspire e expire pela boca.

Movimente-se rapidamente, liberando o mal-estar interno. Após dois minutos, aumente ainda mais o ritmo, como se fosse um animal feroz atacando.

Depois de um minuto, tencione totalmente o corpo, o quanto for possível, e segure o ar. Quando não der mais para retê-lo, exale. Repita mais uma vez. Não há depressão que resista.

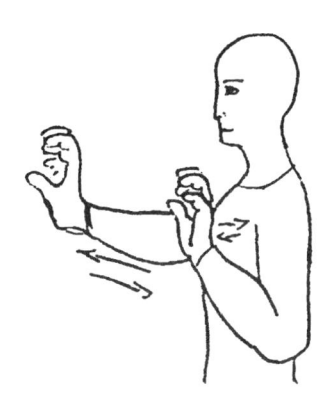

3) Sente-se em postura fácil e ponha a língua para fora como se quisesse tocar o umbigo com ela, esticada o máximo possível.
Bata palmas em frente ao seu peito.
Recolha a língua. Estique-a novamente para fora e volte a bater palmas. Repita o exercício por três minutos.
O "freio" que existe embaixo da língua ficará esticado e, com isso, estimulará o sistema nervoso central, o centro de controle da vida. Depois de fazer o exercício por três ou quatro vezes, a língua começará a doer, depois doerá dos lados. Após três minutos, você se sentirá bem.
Para completar, inspire, estique a língua para fora exageradamente e retenha o ar. Expire. Repita o exercício.

Elimine tensão e estresse

I — Relaxamento de Budha

Esse exercício libera estresse em apenas onze minutos.
Sente-se em postura fácil. A mão direita descansa sobre o joelho do mesmo lado. Deite a face direita sobre a palma da outra mão, com os dedos cobrindo livremente a metade da fronte direita.
E simplesmente relaxe, com os olhos fechados.
Uma pressão será criada sobre o seu fígado, enquanto o seu corpo se ajusta. Fique assim enquanto ouve o mantra Guru Ram Das,

próprio para liberar o coração, ou música suave, de relaxamento, por onze minutos.

Finalizando, movimente suas munhecas, mexa os dedos. Gire lentamente o pescoço, com a coluna bem reta.

2 — Para experimentar a energia de Júpiter

Sentado em postura fácil, cruze o dedo médio por trás do indicador da mão direita. Os outros dedos ficam dobrados e seguros pelo polegar. O dorso dessa mão descansa sobre o joelho esquerdo.

O dedo indicador direito fica reto, apontando para cima. Os outros dedos ficam dobrados, seguros também pelo polegar. A mão direita está reta, mais ou menos na altura do queixo. Olhos fechados,

corpo relaxado, movimente rapidamente o dedo de Júpiter (indicador) em círculos. Apenas ele. Mentalmente, fique repetindo o mantra ANG SANG WAHE GURU. (Procure no Índice mais detalhes a respeito dos mantras.)
Terminando, pare o movimento, inspire e contraia todo o corpo. Expire e repita mais duas vezes.

3 — Rodas de moinho

Sente-se em postura fácil, os braços estendidos para os lados e para baixo. Palmas para cima.

Faca círculos completos, com os braços estendidos para a frente e para cima. Inspire enquanto empurra forte, quando os braços sobem.

Após três minutos, inspire fundo e relaxe. Mentalize que está deixando ir tudo aquilo que já não interessa mais, para que possa viver em paz.

Para liberar medos

Sentado, estenda os braços para os lados, deixando-os paralelos com o chão. Coloque a ponta do polegar na base do dedo mínimo e feche as mãos, ficando com os punhos cerrados. Flexione os cotovelos trazendo os punhos aos ombros.

A respiração é poderosa, feita pela boca. Quando exala, abre os braços; quando inspira, dobra-os, coordenando movimento e respiração. Comece lentamente e vá aumentando a rapidez, mentalizando que está expulsando o medo em cada expiração. Quanto mais poderosamente o projetar para fora, melhor o resultado.

Esse exercício libera tensão e limpa a corrente sangüínea. Repita-o por sete minutos ou pelo tempo que for possível.

Para desvanecer melancolia

Após ter aquecido a coluna com movimentos suaves, deite-se com a barriga para cima, os braços ao longo do corpo, palmas das mãos para baixo. Cruze as pernas.

Inspire e levante-as a noventa graus. Expire enquanto as abaixa. Repita várias vezes, alternando a posição delas.

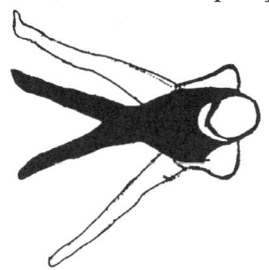

Para o sistema nervoso

1) Sentado em postura fácil, deixe os braços ao longo do corpo, com as mãos sob as nádegas, palmas para cima, suportando o seu corpo. Inale através da boca, arqueando a coluna para a frente e subindo o queixo, ficando o pescoço estirado. Exale também pela boca, fazendo o contrário: arqueie a coluna para trás e traga o queixo ao peito, esticando a nuca. Continue com respiração poderosa por quatro minutos, se for possível.

Esse exercício abre os pulmões, remove a raiva e a insegurança, aumenta a claridade mental, a capacidade de estar alerta e previne a senilidade, além de trabalhar estresse.

2) Na mesma postura, dobre os braços, deixando uma palma em frente à outra, na altura dos ombros, separadas por uns quinze centímetros. Mova as mãos para fora, palmas para baixo, braços como na cruz, retinhos, paralelos ao chão.

Volte à posição original.

Continue esse movimento de modo preciso e duro, mantendo os dedos rígidos. Se for possível, mova-se rapidamente por onze minutos.

Esse exercício trabalha o sistema de mensagens do cérebro.

3) Na mesma postura, estenda os braços retos aos lados do corpo, como na cruz, deixando-os paralelos ao solo, palmas para cima. As mãos ficam retas, no prolongamento dos braços, e não caídas.

Suba os braços, com leveza, como se fosse bater palmas acima da cabeça, mas não deixe as mãos se tocarem. Logo os abaixe, como se pesassem toneladas. Imagine uma grande pedra em cada mão e tente sustentá-las.

Além de trabalhar o sistema nervoso, esse exercício remove depósitos de cálcio nas regiões trabalhadas, sendo muito bons para quem está com bursite ou artrite.

4) Deite-se com a barriga para baixo, as mãos apoiadas sob os ombros. Erga o tórax, apoiando-se nos braços esticados, ficando a coluna arqueada. Dobre as pernas e comece a golpear as nádegas com os calcanhares, alternadamente.

Mova-se rapidamente, se conseguir, por seis minutos.

Entre outras coisas, esse exercício previne tumores cerebrais e quistos nas artérias e intestinos.

5) Em pé, mãos entrelaçadas atrás da nuca, peito aberto, solas dos pés bem apoiadas no solo. Inspire e dobre os joelhos, abaixando

o corpo enquanto exala. Inspire, aprumando-se novamente. Continue por três minutos.

6) Em pé, pés separados, na largura do seu quadril. Erga os braços, deixando-os ao lado das orelhas. Mãos em atitude de oração, polegares cruzados. Estire-se para cima, alongando-se ao máximo, por dois minutos. Relaxe.

4

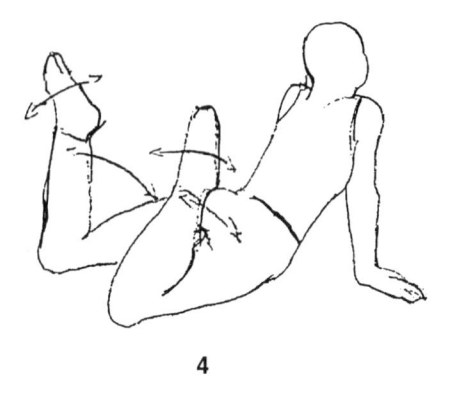

5

6

Para o sistema nervoso e equilíbrio do sangue

1) Em pé, deixe as pernas separadas por sessenta centímetros. Parte superior dos braços paralela com o chão, parte inferior dobrada, paralela com o corpo. Palmas das mãos para fora, dedos bem separados.

Nessa postura, abaixe e retorne à posição de pé. Continue esse movimento por cinco minutos.

Esse exercício ajusta o sistema nervoso e melhora a circulação.

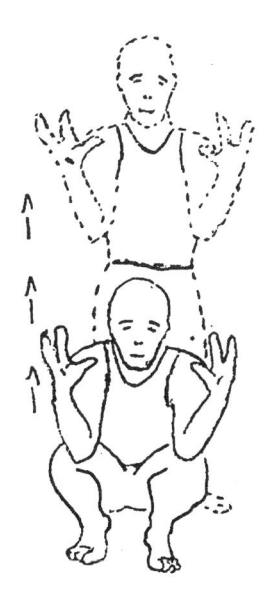

2) Em pé, pernas unidas, braços estirados para os lados, paralelos ao chão. Num pulinho, abra as pernas e suba os braços, aplaudindo acima da cabeça, coordenando os movimentos. Quando os pés estão juntos, as mãos estão separadas. E vice-versa. Continue movimentando-se com respiração poderosa por quatro minutos.

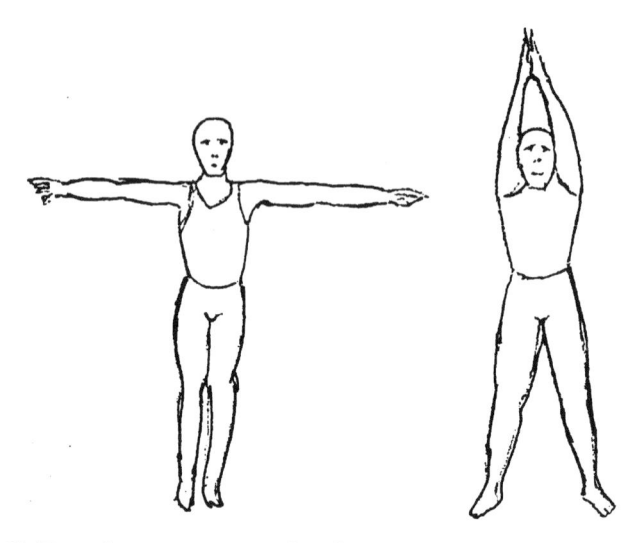

3) Em pé, pernas separadas, braços estendidos para os lados, paralelos ao solo, movimentar-se alternadamente, tocando a mão esquerda no pé direito, enquanto o outro braço está em cima. E vice-versa. Sempre aprumando o corpo entre um estiramento e outro. Continue rapidamente por um ou dois minutos.

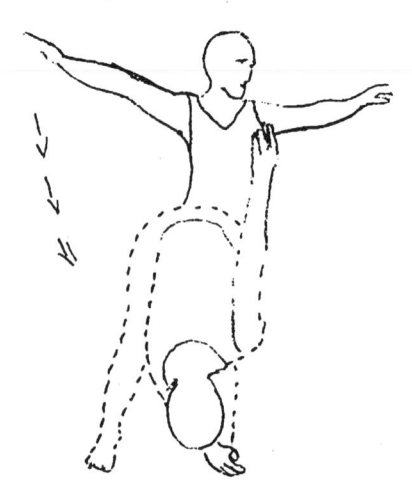

4) Sente-se rapidamente. Respire longa e lentamente por alguns minutos. Relaxe.

Wha Guru, série para o sistema nervoso

Sente-se na postura fácil. Coloque as mãos sobre os joelhos, palmas para cima, indicador tocando o polegar, formando um O.

Olhos quase fechados. Quebre a respiração em dez partes iguais, ou dez "fungadelas". Em cada parte da inspiração, suba as mãos com os dedos retos, em direção à fronte, percorrendo um décimo do caminho de cada vez. Quando as palmas chegam ao local, na décima inspiração, os dedos ficam apontados para cima.

Enquanto solta o ar, junte as pontas dos dedos das duas mãos e deixe-as descer devagarinho. Retorne à postura inicial.

Sempre que inspirar, vibre mentalmente o mantra WHA e, na expiração, vibre GURU. Repita de três a onze minutos essa respiração, sempre começando com poucos minutos e aumentando gradualmente.

Esse é um trabalho que reestrutura o sistema nervoso, estimula a glândula pituitária, torna a mente clara e decisiva. Se os nervos estão fracos, fica difícil agir sobre os ideais que se tem.

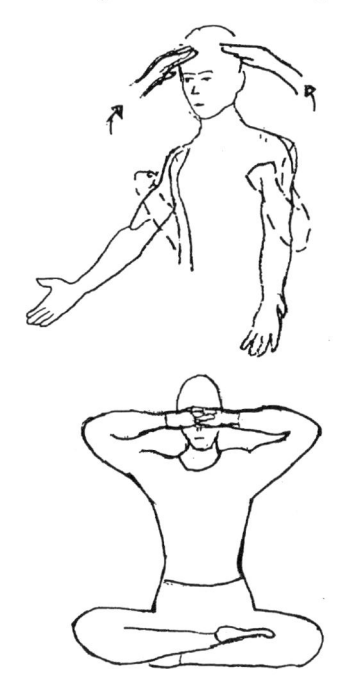

A gente é o que a gente pensa

Ou como já disse alguém: a vida tem as cores que a gente pinta. A realidade que existe é a projeção dos nossos pensamentos e emoções. Crenças podem ser trocadas por programações positivas. Estresse é uma crença negativa projetada no universo: "eu não sou capaz", "estamos em crise". "o mundo é ruim". O atuar impulsivo vem do subconsciente. Cada pensamento negativo reflete uma ação negativa. A reação terá esse timbre.

Qualquer imagem conservada com firmeza na mente está fadada a se concretizar. Use essa lei de forma inteligente, com a imaginação a seu favor, assumindo o controle das visualizações, e veja as mudanças se manifestando em seu corpo, em seus negócios, em sua vida.

"O ovo de uma águia pode voar, mas não como um ovo. Antes é necessário quebrar a casca."

Os pensamentos contaminam. Então, é melhor pensar positivamente. Faça uma experiência: gire o seu pescoço lentamente de um lado para o outro por alguns segundos. Pare. Visualize agora que está fazendo o mesmo exercício, ampliando, conseguindo enxergar cada vez mais longe, girando ainda mais o pescoço. Pare. Só então volte a girar o pescoço, como antes de mentalizar. Observe como o movimento ficou mais fácil, mais amplo, o seu pescoço rolou mais.

A maior causa do estresse é o excesso de pensamentos. Grande parte deles é inútil. É esse excesso que pesa e atrapalha. Pensamos muito antes de resolver qualquer coisa. Criando uma pressão interna que nos rouba a capacidade de enfrentar as situações externas, ficamos incapazes de dar uma resposta adequada ao que vem de fora. Imaginamos situações que não existem, o tempo todo. Quantas vezes perdemos tempo pensando como será um encontro que teremos, planejamos tudo, pensamos nos detalhes e, quando acontece, é tudo diferente. Um monte de pensamentos perdidos.

Se a mente está confusa, com programações falsas da realidade, num estado de negatividade, de contradições, de falta de conhecimento, pensamentos distorcidos, projeta-se uma realidade negativa. Vemos provocações onde não existem, ampliamos qualquer problema até que ele se transforme num monstro. Fazemos isso o tempo todo, interpretando tudo de maneira muito subjetiva.

Pensar negativamente é um convite à infelicidade. Pense positivamente, dirija-os como se dirige um carro na direção desejada.

Observe de longe um pensamento de pânico, em lugar de ser arrastado por ele. Quando expulsamos um pensamento errôneo, a harmonia se faz.

Nosso corpo é o resultado de todas as emoções vividas, de todas as experiências acumuladas. Quando temos uma crença negativa e suas emoções correspondentes, adquirimos posturas físicas que refletem o que sentimos. Com elas, tencionamos certas partes do corpo, afetando órgãos, glândulas e sistemas. Sem falar das descargas de hormônios que produzimos, então, afetando todo o organismo. Um pensamento feliz torna-o feliz. Um pensamento correto produz mudanças em seu corpo, a fisiologia nervosa muda.

Compreender as situações ajuda a aliviar a pressão interna causada pelo estresse e ver o que está escondido atrás das aparências. Por exemplo, se alguém sente raiva de você, procure enxergar além. Por que ela está assim? O que a leva a agir assim? Que sofrimento se esconde em tudo isso? Uma pessoa satisfeita com a vida não fica enraivecida. Enxergando um problema de forma ampliada, diminui-se o seu tamanho, a sua importância. Você começa a compreender, e às vezes surge a compaixão.

A meditação ajuda nisso, criando a sensação de que você é um observador, desapegado. Ela amplia a perspectiva das coisas, pois você estará pensando com profundidade sobre si mesmo.

Deixe bem evidente o seu desejo, saiba exatamente o que quer, seja persistente. Projete mentalmente as suas necessidades e o universo manda-lhe um fluxo de oportunidades.

Se algo não funciona, revise, tente outra coisa, dentro da sua realidade. Sempre há outra forma de fazer. Escute sua intuição e sua experiência. Cada obstáculo é um desafio a ser vencido. Lembre-se do dito: "Deus dá o frio conforme o cobertor". Portanto, se a dificuldade chegou é porque sou capaz de superá-la. Encontre-se com o seu Sol Interior afastando as nuvens de pensamentos negativos. Evite ficar pensando no pior, achando que não vai dar certo, reclamando. Deixe que a positividade se torne parte da sua mente ativa e infiltre-se no mais profundo do seu ser, criando hábitos que o levarão ao equilíbrio, à harmonia.

Pensamento confuso traz experiência confusa. Emoções confusas dispersam energia e trazem a infelicidade. Ficar perceptivo é a solução. Quanto mais alerta, mais fácil o diagnóstico de situações e estados doentios. Observe a sua postura perante os acontecimentos,

suas expressões, procurando enxergar o que está por trás disso. Vai ajudar bastante.
O subconsciente é "bobinho", aceita tudo que lhe passamos como verdades inquestionáveis e procura trazer para a vida a realização dessas verdades. Quando tiramos partido disso, os resultados logo aparecem.
É como se tivéssemos um computador interno, à mercê de nossos pensamentos e palavras, que o vão programando. Se não ficamos atentos, vamos montando um arquivo com as idéias autodestrutivas. Felicidade ou infelicidade, é preciso escolher o disquete certo. É preciso lembrar que somos o dono do computador e que a escolha nos pertence. O controle do computador está em nossas mãos.
"Existe um Plano Divino para a minha vida, assim como existe um Plano Divino dentro da semente do carvalho. A semente já encerra a grande árvore que será um dia. Só falta manifestar-se."

O poder da visualização

Visualização é uma técnica que torna os exercícios mais eficazes. Freqüentemente, basta que imaginemos alguma coisa para desencadearmos em nós mesmos reações físicas, como se tivesse acontecido de fato. Uma pessoa pode sentir náusea só de pensar em algo nojento, ou ter orgasmo só de pensar em sexo, ou encher a boca de saliva só por imaginar uma guloseima. O sistema nervoso central responde poderosamente aos nossos pensamentos.

Há vinte vezes mais nervos ligando os olhos ao cérebro do que ligando os ouvidos ao cérebro. Isso significa que visualizar é muito mais importante do que ouvir apenas alguém falando do assunto.

É por isso que imaginar os resultados desejados, visualizando-os nitidamente, ajuda a tornar os exercícios mais eficazes. A tendência do sistema nervoso central é ajudar o corpo a conseguir exatamente a situação visualizada.

Experimente erguer a mão colocando nela um peso imaginário de dez quilos. Observe o que acontece com o tórax, o pescoço, o braço. Depois, erga a mesma mão imaginando que ela não tem peso, que é feita de isopor. As sensações são completamente diferentes.

Erga agora uma perna e preste atenção em como isso acontece. Houve alguma resistência? Imagine como gostaria que o movimento tivesse acontecido e refaça o movimento. Observe como, no lugar em que era mais difícil, ficou mais suave, sem esforço. Concentre-se, experimente essa melhora profunda em sua imaginação e refaça-o várias vezes. Haverá uma grande diferença.

Acostume-se a visualizar que está captando energias de cura do universo. Bastam alguns minutos de prática. Segue um exemplo bem simples. Com o tempo você mesmo criará suas próprias fórmulas.

Relaxe completamente. Respire fundo, lentamente, pensando que está atraindo raios de luz, energia cósmica de cura.

Sinta a energia fluindo, invadindo o seu corpo pelo nariz, pelos poros da pele, pelo topo da cabeça, pelas palmas das mãos. Use a imaginação e veja esses raios de luz girando ao seu redor e através do seu corpo, limpando e purificando cada átomo, cada partícula. Veja esses raios brilhantes em volta de sua cabeça, permitindo que ela se derrame desde o crânio em cascatas de luz inundando-o docemente.

Sinta-se purificado, pense que é um ser humano perfeito, harmonioso, que tudo funciona magnificamente. Diga que consegue trazer a perfeição para si mesmo e para os outros. Ouse ir além das limitações. Deixe que o poder de cura do seu interior dirija as suas atividades.

Essa técnica e outras parecidas ajudam a manter contato com a mente superconsciente, colocando a seu dispor o poder da mente energizada. Use-a para se livrar da perturbação, fadiga, etc. A cura vem da mente superconsciente. Essa parte da mente está ciente de tudo que é necessário para o seu bem e pode destruir qualquer coisa que lhe possa trazer dano ou sofrimento.

O Médico Divino reside em sua consciência e traz possibilidades inesgotáveis que podem manifestar-se se há abertura para isso.

Flexibilidade, eis a questão

Observe um chorão, árvore de beira de rio. Quando vem uma tempestade, ele se dobra, verga-se sob a força do vento, deita-se. Passado o vendaval, lá está ele altaneiro, em pé, enquanto árvores mais fortes jazem quebradas ao seu lado porque não foram flexíveis. É a natureza nos dando lições.

Flexibilidade é fundamental. É preciso manejar o estresse, ver o que pode ser mudado, observar nossas reações diante das coisas que nos desagradam. É preciso ter jogo de cintura. Ioga e Tai-Chi-Chuan são práticas que favorecem a flexibilidade do corpo e da mente, desenvolvendo nossas capacidades extraordinariamente. Quando nossa energia circula bem, a estagnação acaba em todos os sentidos. Há muitas ferramentas que podem ser acessadas: música, riso, respiração correta, massagem, nutrição, imaginação, desintoxicação, etc. O estresse pode ser combatido com momentos que você cria, saindo do dia-a-dia habitual. Não podemos mudar o mundo, mas podemos mudar a nós mesmos.

A Força do Pensamento

Cuidado com as conversas que mantém, principalmente ao telefone, quando falam "lá dentro" da sua cabeça. Se você se distrair, poderá deixar que um programa negativo se introduza no seu "computador interno". Ouça "filtrando" a mensagem.

Preste atenção em suas palavras faladas ou escritas. São ordens dadas ao Universo e mais cedo ou mais tarde se materializarão em sua vida. Persista no enfoque de uma nova visão, disciplinando os seus pensamentos, criando uma nova realidade, definindo o que quer concretizado em sua vida. É você quem cria o seu próprio destino.

É possível converter as vibrações baixas em altas. A palavra falada é uma poderosa antena. Cada palavra e cada pensamento geram uma onda vibratória. Quanto mais se eleva a consciência, mais a vida flui para o sucesso.

Portanto, não se sinta vítima de nada, evitando ter dó de si mesmo. Ninguém precisa disso. Sinta a divindade que existe dentro de si. Mantenha a mente ocupada com pensamentos de situações que gostaria que ocorressem em sua vida. Neutralize a angústia e a ansiedade com outro padrão de pensamentos contrários àqueles. Escreva um novo roteiro para que a vida possa realizá-lo.

Neutralize as sugestões negativas de outras pessoas, identifique-se com os princípios de Paz, Saúde, Abundância, até o pensamento positivo tornar-se um hábito e ir para a sua vida em forma de experiência e qualidade, pela lei da atração. Aceite a idéia de que pode encontrar um mundo encantador. Um artista não fica olhando a linha reta que traça e sim aonde quer chegar.

##

Enterre o passado. Mentalize que está limpando as gavetas de sua vida, colocando o que não serve para nada em sacos de lixo e mandando-os para bem longe. É o primeiro passo para abrir caminho para o novo. Observe na sua casa: quando tira o entulho de algum armário e limpa-o, ele não fica por muito tempo vazio. Logo surgem coisas novas para enchê-lo.

##

Acorde sempre com o sentimento de que o dia será ótimo, pleno de boas oportunidades e as atrairá. Dirija seu pensamento para o sucesso e a vitória virá. A cada manhã afirme: "Estou renascendo para uma nova vida e tudo pode ser muito melhor. Tenho muitas oportunidades de sucesso. Aquele que me criou toma conta de mim e de todos os que me são caros".

##

Valorize as suas qualidades, todos as têm. Fortifique aquilo que é o melhor em si. Evite rotular-se: "eu sou nervoso", "eu sou inseguro". Encare como dificuldades que está enfrentando momentaneamente e que está à altura do desafio. Refira-se a elas como lições que lhe estão ensinando algo e que, uma vez aprendidas, o professor "dificuldade" pode ir embora.

##

Ficar obcecado por alguma coisa, não importando o que seja, só serve para perder energia. Quantas vezes investimos demais em uma situação e descobrimos tardiamente que não valeu a pena, que não era bem aquilo que queríamos. Evite angustiar-se por qualquer coisa. Quando se esquece um problema, ele deixa de incomodar. Entregue tudo ao Criador e despreocupe-se, permitindo que a Luz Divina traga a inspiração de como agir nesse caso. Deixando de se preocupar com uma situação, ela se resolve. Aceitando uma dificuldade, abre-se caminho para que a solução apareça.

Quanto mais calmos estamos, melhores respostas apareçam. Lembre-se de que tudo é transitório, tudo passa e logo tudo estará resolvido.

##

Seja você mesmo, autêntico, natural. Não vale a pena anular-se para agradar a outras pessoas. Mesmo porque, mais cedo ou mais tarde, surgirá a cobrança. Evite ser manipulado, deixando que o façam diferente do que é.

##

Planeje cada dia, agende os compromissos, evitando perda de tempo, pressa e indecisão.

##

Aceite as situações como elas são, respeitando a individualidade das pessoas, entendendo que elas não podem viver de acordo com os seus desejos.

Aceite-se como você é. As realidades da sua vida foram criadas por você mesmo, é bobagem pôr a culpa nos outros, apesar de cômodo. É preciso entender que a culpa não vem de fora, das outras pessoas, das circunstâncias. É preciso olhar para dentro, com clareza, com honestidade. É preciso ficar consciente do que está acontecendo com você. Se não quer que um fato continue acontecendo em sua vida, mude a estrutura de seus pensamentos. E procure ver os erros como tentativas de acerto. Encare os defeitos como desafios que pode superar.

O mais importante é saber que tudo faz parte do jogo da vida. E entender que a cura não vem em forma de pílulas mágicas. Toda cura é um processo, uma série de passos que tomam tempo e exigem esforço.

##

"Não há mal que para sempre dure, nem alegria que nunca acabe." Assim é a vida. Tudo passa, os bons e os maus momentos, assim como o verão, assim como o inverno. O dia sempre termina, a noite também. Estamos caminhando sempre da tristeza para a alegria e vice-versa. Hoje, uma flor está linda, logo estará murcha, mas dentro dela já está a semente de uma nova flor que desabrochará em encanto, se permitirmos. Compreendendo a lei dos ciclos, fica mais fácil viver.

##

Nosso cérebro possui dois hemisférios. O raciocínio, a lógica, a razão em excesso produzem um congestionamento no hemisfério esquerdo, trazendo saturação. Com isso, vem o cansaço, a irritabilidade.

Para que se sinta bem, é preciso contrabalançar usando também o hemisfério direito, que está ligado ao relaxamento, visualização, intuição, sensibilidade, meditação.

Esse equilíbrio é conseguido com atividades como dança, música, ginástica, massagem, aromas, etc.

Se não fazemos essa compensação, acabamos indo buscar nas drogas, no açúcar, nos excitantes, o alívio para a alta tensão interior causada pelo uso exclusivo da lógica. E pagamos um preço bem alto. O ideal é usarmos equilibradamente os dois hemisférios, como em tudo na vida.

##

Valorize as coisas que você já tem, concentrando-se nos pontos positivos. Dê valor ao seu corpo, ao seu trabalho, ao seu espaço. Sinta alegria com as suas realizações e com as dos outros, atraindo assim situações cada vez melhores. Abra as janelas do coração para a luz entrar e faça dele um magneto que atrairá coisas e pessoas boas para perto de você.

##

Sinta-se em harmonia, sem prestar muita atenção às coisas como elas estão agora, mas visualizando que tudo está ficando cada vez melhor. Harmonize-se, deixando os sentimentos de inferioridade de lado. Ninguém é melhor que ninguém, apenas diferente. Todos têm defeitos e qualidades.

Afirmações positivas

Fritjof Capra, em *O Tao da Física*, mostra que, em experiências feitas nos laboratórios nucleares dos Estados Unidos, constatou-se que a mente dos pesquisadores influi diretamente nos resultados das pesquisas, alterando o comportamento dos subníveis atômicos no nível dos Quanta (a menor quantidade de energia necessária para passar um elétron de uma órbita interior para uma órbita exterior). Portanto, a mente influencia nos níveis intercelulares. Isso significa que qualquer patologia, qualquer doença, pode ser mudada mentalmente. Se mudar a mente, pode mudar a vida.

Tudo na vida é resultado de persistência e vontade. É preciso também estar atento à questão do merecimento. Muitas vezes, o indivíduo não se sente merecedor de ser feliz, de desfrutar o que existe de bom. Às vezes, quando as melhoras começam a aparecer, a pessoa foge das coisas que estão trazendo as mudanças, numa forma de autopunição.

Torne-se consciente de seus pensamentos. Mude cada pensamento negativo que esteja querendo assentar-se em sua estrutura mental por outra afirmação contrária. Se vem o pensamento "eu nasci para sofrer", troque-o imediatamente por "eu nasci para ser feliz". A última mensagem é a impressão que fica no subconsciente, a mais importante. Aproveite essa técnica para criar uma realidade bem diferente da anterior, usando suas palavras para mudar traumas, conceitos, crenças, os padrões que têm governado toda a sua vida. E procure a companhia de pessoas otimistas, para criar uma atmosfera sadia, animada.

As afirmações devem ser repetidas muitas vezes por dia. Essa repetição muda o sentimento interior. O doutor William Sadler, membro da Associação Norte-Americana de Psiquiatria, diz que "a repetição do mesmo pensamento, sentimento ou ação, formam sulcos mais e mais profundos. Assim como caminhar num gramado, sempre no mesmo lugar, formará um sulco nele. Novas rotas são formadas por uma escolha consciente, repetida muitas vezes, enfatizando uma nova concepção de vida". É preciso determinação, paciência. Use as afirmações após cada pensamento negativo, ou em três ou mais sessões diárias. Mentalize, fale em voz alta, escreva.

Se possível, grave uma fita cassete com sua própria voz e durma ouvindo-a, bem baixinho. Você pode gravá-la usando antes de cada frase o seu nome ou apelido, caso se identifique mais com ele. Depois, diga você e o verbo no presente. Por exemplo: "Maria, você é muito calma. Maria, a partir de agora você está... Maria, você tem absoluta certeza de que..." Usando seu nome antes das afirmações, você se distrairá menos, sentindo-se chamado à gravação a todo instante. A atenção não se dispersará.

Um trabalho como esse possibilita até mesmo que se faça limpeza de subconsciente. Quem nunca passou por situações traumáticas, rejeições, decepções? O medo, a ansiedade, a culpa, a raiva, a depressão vieram com elas. Todo esse lixo fica armazenado em nossas profundezas. É necessário limpar esses sentimentos negativos, pois eles criam barreiras. Comida boa se faz em panela limpa. Então, é necessário limpar, antes de tudo, para que novas programações dêem bons frutos.

Um exemplo: "Maria, você está totalmente livre, a partir de agora, de todos os traumas, rejeições, frustrações, decepções, que tenha sofrido durante a sua gestação, seu nascimento, sua infância, sua adolescência, idade adulta, nesta e em outras vidas. Você perdoa a todos aqueles que a ofenderam e perdoa a si mesma, da mesma forma e totalmente. Dentro de você ficou apenas um grande vazio, que era preenchido por aqueles problemas. A partir de agora, esse vazio está totalmente preenchido de luz, paz, alegria, felicidade, amor, altruísmo, tranqüilidade, harmonia e equilíbrio físico, mental e espiritual. Você está cada vez mais calma, tranqüila e serena. Seu corpo está completamente descontraído." (Paul Louis Laussac)

Distribua, pela casa, cartazes e lembretes, nos interruptores de luz, nos espelhos, na porta da geladeira. Seja criativo. A repetição diária de afirmações positivas torna-se um hábito. Essa terapia é curativa e preventiva. As afirmações tornam-se verdades absolutas e o resultado logo aparece.

Lembre-se: tudo que existe concreto hoje, tudo que está materializado, um dia foi idéia, imagem, sonho. O amanhã é feito com os pensamentos de hoje. Visualize o que estiver afirmando, potencializando assim os seus objetivos. Se entrar um pensamento negativo, diga mentalmente as palavras: "Pensamento cancelado." É a última frase que prevalece para o inconsciente.

Afirmações devem ser feitas no presente. A mente subconsciente só conhece o presente. Se você está preso a alguma coisa que aconteceu muito tempo atrás, para a mente subconsciente é como se estivesse acontecendo agora. Isso gera desequilíbrio. O passado precisa ser abandonado. Se deixar no futuro, sua afirmação nunca acontecerá.

Fale com firmeza, confiante no que está sendo dito. Use palavras de impacto, visualize enquanto afirmar. "Eu sou muito calmo." "Eu sou extremamente sadio." Comece a ver as coisas de modo diferente para que sua realidade se torne diferente. Preste atenção em suas palavras, elas esculpem a sua vida.

Quando estamos estressados, perdemos a confiança em nós mesmos. Achamos que não conseguiremos atingir a meta a que nos propomos e sentimo-nos impotentes. Ante a esses acontecimentos pense: "Eu sou forte, imbatível." "Eu sou muito brilhante." "As coisas que eu desejo estão se concretizando." "Eu sou muito capaz". Eu sou extremamente calmo." Exagere nos superlativos, nosso inconsciente registra rapidamente os exageros. Utilize ao máximo essa característica para frisar as frases.

O subconsciente não sabe distinguir a verdade da mentira. Ele cria a realidade a partir do que é colocado dentro dele. Para o subconsciente, só interessam os pensamentos e as expectativas que você freqüentemente reforça.

As palavras: "não", "nunca", "jamais" são desconhecidas pelo subconsciente. Faça afirmações sem usar essas palavras. No lugar de "eu não sou nervoso", coloque: "eu sou calmo". "Eu sou sadio", no lugar de "eu não estou doente". Risque de seu vocabulário as expressões do tipo "eu não posso, eu não sou capaz, eu não tenho". Tire a palavra "difícil" da boca e da mente. Troque-a por fácil e verá as mudanças surgirem no seu caminho. É lógico que dá trabalho, exige paciência, dedicação, mas sempre é possível.

Ante aos acontecimentos que parecem ser mais fortes que você, pense: "eu sou forte, imbatível", "tudo depende de mim".

Evite tomar posse da doença. Procure nem sequer mencionar o nome dela. O que interessa é o restabelecimento. Pense estar literalmente curado. Exemplos: "Meu sistema nervoso está em plena harmonia, funcionando perfeitamente, em harmonia... A partir de agora, todos percebem a minha imensa alegria de viver... Eu sou imensamente feliz... Estou irradiando uma aura de otimismo e entusiasmo pela vida, que contagia a todos os que me rodeiam".

A mensagem deve ser bem clara e precisa, detalhada, bem explicada, para que o cérebro possa formar a imagem de suas palavras. Diga o que você quer que aconteça com palavras simples e objetivas, sempre no positivo, com o seu jeito próprio, com as expressões a que está acostumado.

É necessário analisar as frases, observando-as cuidadosamente para evitar que elas tenham um outro sentido embutido. No lugar de "você não tem medo de nada", coloque, por exemplo, "os medos infundados acabaram", pois alguns medos são necessários até para a nossa sobrevivência.

Afirme com ênfase, com força, com vitalidade: "Eu sou extremamente bonito", "eu tenho um carro fantástico". Coloque emoção nas palavras.

A ansiedade impressiona a mente. Para operar com afirmações positivas, é necessário estar calmo, relaxado. Ou pelo menos criar esse estado por alguns minutos. Para mudar uma realidade, é preciso estar confiante, sereno. Quando o cérebro está operando em freqüências baixas, obtém-se resultados melhores. O medo e a ansiedade aumentam a freqüência das ondas cerebrais. Relaxe por alguns instantes e depois faça as afirmações.

Fique esperto com a televisão!

Ninguém nega que a televisão veio para ficar, que é uma diversão barata, de fácil acesso. Mas é preciso utilizá-la de forma mais consciente, para aproveitar o que ela possui de bom e evitar o que é nefasto.

Os noticiários nos bombardeiam com milhares de problemas que não podemos resolver. Nossas mentes ficam impedidas de pensar por si mesmas, tantas são as opiniões, as propagandas. Todos querem capturar a nossa atenção. O sistema nervoso se sobrecarrega com a violência que a televisão retrata. Se observarmos bem, veremos que a maior parte dos noticiários é sobre tragédias, pois notícias boas não dão "ibope". Quanto mais trágicas, maior a audiência. Cuidado com essa energia que é transferida para a sua casa, não permita que ela se introduza em sua vida.

Pior ainda se as notícias catastróficas chegarem no momento em que estiver se alimentando. Além de passar pelos canais auditivos e visuais, passarão também pelo sinestésico, pois estará sentindo o gosto da comida. Quando nos alimentamos, introduzimos outras energias, presentes naquele momento, em nosso ser. E, diga-se de passagem, essas notícias são totalmente desnecessárias.

Se dormirmos em frente à televisão ligada, as informações entram sem discriminação, sem censura, pois estamos mentalmente relaxados. O "guarda" está dormindo. Não permita que o bombardeiem com mensagens que você não quer que sejam realizadas em sua vida. Se não deseja ter uma vida novelesca, assista menos a novelas. Observe como as crianças repetem o que vêem na telinha. E observe-se. É muito importante selecionar os programas. O subconsciente tenta trazer para a nossa vida tudo aquilo que nos prende a atenção.

Fique alerta com os comerciais. Afirmações são instrumentos que podem ser usados para mudar uma imagem. Os especialistas em propaganda sabem muito bem manipular as pessoas por meio delas. Observe quanta coisa é veiculada como necessidade básica para preencher o seu vazio interior. Se usar tal marca de cigarro, terá sucesso com as mulheres bonitas... Se adquirir tal quinquilharia, terá tempo de sobra para curtir a vida... Com tal produto, o seu corpo será igual ao da modelo que o exibe... É um infindar de mentiras. Estão sempre dando a impressão de que falta alguma coisa em nossa vida, quando na verdade não falta nada, sempre levando a pessoa a acreditar que sua realização interior está fora e não dentro de si mesma. Procure perceber o quanto a propaganda está comandando a sua vida, o quanto está agindo de forma mecânica, robotizada.

Felicidade é incondicional. Não é preciso muita coisa para ser feliz. É desnecessário trabalhar cada vez mais para adquirir tais objetos ou se assemelhar a alguém. Isso só traz frustração, pois os objetivos nunca são alcançados. Por exemplo, você luta para conseguir comprar a filmadora x. Consegue. No dia seguinte, colocam outra ainda mais sofisticada na praça; a sua já fica ultrapassada... Enfim, tenha tudo que quiser, mas sem aliar isso à felicidade. Seja feliz antes.

As pessoas que assistem muito à televisão estão expostas a uma verdadeira lavagem cerebral. Quase sempre há alguém do lado de lá procurando controlar o comportamento das pessoas, criando necessidades, escondendo fatos, divulgando informações parciais, escondendo dados, para levar o indivíduo a comprar a idéia que se pretende vender. É necessário aprender a se proteger dessa invasão de privacidade. Ainda bem que já inventaram o controle remoto...

"Levanta, sacode a poeira, dá a volta por cima"

Muitas vezes, é preciso alterar as posturas perante a vida, como deixar de ter grandes expectativas em si mesmo e nos outros. Aceitar com calma os sentimentos de tristeza e depressão, não importando a forma como eles se apresentem. Tomar conhecimento desses sentimentos sem lutar contra eles, e sim abraçando-os, tratando-se de maneira idêntica como trata a quem ama profundamente. Aceitar a si mesmo como é.

Ocupar-se com valores que enobrecem e dignificam, tendo mais envolvimento pessoal com a vida e com o semelhante, faz os problemas pessoais ficarem pequenos. Sente solidão? Amplie o seu círculo de relacionamentos. Na Era de Aquário, família não se restringe a ligações sangüíneas, como filhos, netos, pais, irmãos. Existe uma outra, a da afinidade. Se gosta de Ecologia, procure grupos ecológicos. Se ama outra coisa, procure o seu grupo afim. Solitude é uma coisa, solidão é outra. No primeiro caso, a pessoa sente-se bem, completa, em harmonia. O segundo caso é diferente. Se o que sente é solidão, procure ficar mais com os amigos, os familiares. Procure atividades que o façam sentir-se bem, útil. Os filhos cresceram e já não precisam de cuidados? Para que sentir o vazio que ficou, se há tantas crianças carentes, tantos idosos abandonados, tantos cães sem dono por aí? Nem é preciso levar para casa, assumir "responsabilidade". Um bolo feito com carinho, um brinquedo improvisado, um "dedinho de prosa" preenchem o tempo ocioso e perfumam a vida. Esse pouquinho pode ter muito valor para aquele que nada possui. A sensação de inutilidade desaparece à medida que passamos a servir desinteressadamente. Todos nós temos muito para dar, não importando a posição social que ocupamos. Quem não dá, pensando que é perder, perde com certeza, pois a única forma de ganhar é dando. Mas dê a quem mereça. Quanto mais você ajuda, mais atrai quem deseje ajudá-lo. Quando se pensa em tirar proveito, levar vantagem em tudo, acaba-se atraindo pessoas com as mesmas intenções e que certamente nos prejudicarão, pois suas atitudes serão também dessa forma. Essa é uma grande terapia: deixar de ser mendigo para ser doador.

Permitir que o amor flua no coração. Ele é a chave que abre todas as portas. Olhar tudo com amor, procurando ver o lado positivo de todas as situações com que defrontar.

Na verdade, somos todos famintos de amor, de carinho, de aprovação. Procuramos isso no dinheiro, no poder, no cigarro, na comida, nas drogas e não encontramos. Estamos sempre correndo atrás das coisas que simbolizam amor e esquecemo-nos de procurá-lo dentro de nós mesmos, onde ele está presente, esperando para se manifestar.

Uma pérola... presente de Santa Tereza de Ávila:

"Nada te turbe,
nada te espante,
tudo se pasa,
Dios no se muda
la paciencia
todo lo alcanza;
quien a Dios tiene
nada le falta:
solo Dios basta."

Informações sobre Kundalini Yoga:

www.3hobrasil.com.br
iracela@bol.com.br
Iracela Cassimiro Peretto
R. José Peretto, 360 — Centro
13960-000 — Socorro/SP
Telefone: (019)-3895-1721

Nota do Editor

A Madras Editora não participa, endossa ou tem qualquer autoridade ou responsabilidade no que diz respeito a transações particulares de negócio entre o autor e o público.

Quaisquer referências de internet contidas neste trabalho são as atuais, no momento de sua publicação, mas o editor não pode garantir que a localização específica será mantida.

Bibliografia

BALBACH, Alfons. *A Flora Nacional na Medicina Doméstica*. São Paulo: Edições "A Edificação do Lar", s/d.
BONTEMPO, Alcides. *O que você Precisa Saber sobre Nutrição*. São Paulo: Editora Ground Ltda., 1982.
FRANCO, Lelington Lobo. *As Sensacionais 50 Plantas Medicinais Campeãs de Poder Curativo*. São Paulo, Editora O Naturalista, 1996.
KHALSA, Gurucharan S. *Tecnologias Sagradas, Manual de Meditaciones, basado em las Enseñanzas de Yogui Bhajan*. [Traduzido e editado por Pritam Pal S. Khalsa].
KHALSA, Gurucharan S. *Tecnologias Sagradas, Kryas de Kundalini Yoga, basado em las enseñanzas de Yogui Bhajan*. [Traduzido e editado por Pritam Pal S. Khalsa].
KHALSA, Harijot Kaur. *Sabedoria Física, Kundalini Yoga segundo Ensinamentos de Yogui Bhajan*. [Trad. Ram Das Kaur]. Pomona, CA: K.R.I. Publications, 1994.
KHALSA, Mukhia Singh Sahib Gurucharan S. *Kundalini, Meditation Manual, for Intermediate Students*. Pomona, CA, K.R.I. Publications, s/d.
KHALSA, Mukhia Singh Sahib Gurucharan S. *Kundalini Yoga, Guidelines for Sadhana (Daily Pratice)*. Pomona, CA: K.R.I. Publications, s/d.
KUHNE, Louis. *Cura Pela Água*. São Paulo: Hemus Editora, 1982.
PERETTO, Iracela Cassimiro. *Argila, Um Santo Remédio e Ouros Tratamentos Compatíveis*. São Paulo: Paulinas Editorial, 1999.
RAJNEESH, Bhagwan Shree. *O Livro Orange*. São Paulo: Soma Arte e Edições Ltda., 1982.

RAMACHÁRACA, Yogue. *Hatha Yoga ou Filosofia Yogue do Bem-Estar Físico*. São Paulo: Editora Pensamento, 1972.
SCHNEIDER, Meir & SCHNEIDER, Maureen L. Com Dror. *Manual de Autocura, Método Self Healing*. [Trad. Clara A. Colotto]. Editora Triom, 1988.
SINGH, Ravi. *Yoga Kundalini para el Cuerpo, la Mente y Más* Allá. [Trad. Josefina R. Guerra e Sylvia V. Michael]. Nova York, NY: Ediciones White Lion Press, 1991.
TILL, Marietta. A *Força Curativa da Respiração*. São Paulo: Editora Pensamento, 1988.